【中国人格读库】

国家新闻出版广电总局

培育和践行社会主义核心价值观主题出版重点出版物

葛云飞传

高占祥 主编

施含牧 著

北京时代华文书局

图书在版编目（CIP）数据

葛云飞传 / 施含牧著 . -- 北京 : 北京时代华文书局 , 2015.8（2022.3 重印）
（中国人格读库 / 高占祥主编）
ISBN 978-7-5699-0439-0

Ⅰ . ①葛… Ⅱ . ①施… Ⅲ . ①葛云飞（1789 ~ 1841）—传记 Ⅳ . ① K825.2

中国版本图书馆 CIP 数据核字 (2015) 第 174997 号

葛 云 飞 传
Ge Yunfei Zhuan

主　　编 | 高占祥
著　　者 | 施含牧

出 版 人 | 陈　涛
责任编辑 | 邢　楠
装帧设计 | 程　慧　段文辉
责任印制 | 訾　敬

出版发行 | 北京时代华文书局 http://www.bjsdsj.com.cn
　　　　　北京市东城区安定门外大街 138 号皇城国际大厦 A 座 8 楼
　　　　　邮编：100011　电话：010-64267955　64267677
印　　刷 | 三河市嵩川印刷有限公司　0316-3650395
　　　　　（如发现印装质量问题，请与印刷厂联系调换）
开　　本 | 787mm×1092mm　1/16　印　张 | 9　字　数 | 85 千字
版　　次 | 2016 年 1 月第 1 版　　　　印　次 | 2022 年 3 月第 3 次印刷
书　　号 | ISBN 978-7-5699-0439-0
定　　价 | 36.00 元

社会主义核心价值观与中国人格

周殿富

社会主义制度在中国已经建立了六十余年，而我们党则在本世纪初叶提出了培育弘扬社会主义核心价值观的重大课题，显然是其来有自。

社会主义的道德风尚在新中国蔚然兴起，曾经那样地风靡于二十世纪中叶。邓小平同志曾经在改革开放中讲过，当年"这种风气不仅是中国历史上从来没有过的，而且受到了世界人民的赞誉"。然而可惜的是，这个在社会主义制度建立与实践中，同步兴起的社会主义道德风尚的成长道路，却是一波四折。半个多世纪以来，它先是与共和国一道遭受了十年"文革"的浩劫；接着便是全党工作重心转移到改革开放进程中，欧风美雨"里出外进"的浸洗濡染；再接着是西方"和平演变"在东欧得手的强烈震荡与冲击；最后又是市场经济中那两只"看不见的手"在搅动着、嬗变着人们的价值取向。至少在国民中出现了价值观上的多层次化，传统美德的弱化，社会道德文明水准的退化，光荣革命传统的淡化，这也许正是中央在本世纪初提出社会主义核心价值观的原因吧。

不管怎么"变"，怎么"化"，当我们回首来时路，却不能不说，中华民族真的很强大，很值得骄傲。人类经历了几千年的文明进程，堪称世界文化之源的"五大文明古国"，其他四大古国文明都已被历史淘汰灭亡，只有中国成了唯一的延续存在。近现代即使那般的积贫积弱，被西方列强豆剖瓜分、弱肉强食，想亡我中华都不可能，就连最强大的美帝国主义，最凶残的日本军国主义都成为我们的手下败将，而且打出了一个新中国，且跨过整整一个历史阶段，直接进入了社会主义。西方敌对势力几十年不遗余力地对新中国百般围剿，"冷战""热战""和平演变"手段用尽，连如此强大的前苏联乃至整个苏东阵营都被瓦解了，而社会主义的旗帜仍旧在960万平方公里的土地上高高飘扬，而且昂首挺胸地屹立在世界的东方，中国真的是太强大了。几十年来的瞩目成就，竟然令西方发出了"中国威胁论"。你管他别有用心也好，言过其实也好，总比让别人说我们是"瓷器"，是"东亚病夫"好吧？1840~1949年的一百零九年间，中国尽受别人的欺负、"威胁"了，我们也能让那些昔日列强有点"威胁感"，又有什么不好？更何况这是他们自己说的啊！我们并没吹嘘，也没有去做。几千年来我们侵略过谁呢？"反战""非攻""兼相爱，交相利"，中国古有墨子，近有周恩来、邓小平同志。这也是中华民族固有传统美德的延续吧！

生于忧患，死于安乐，这也当是中华民族的一个传统美德吧？几十年来尽管中国如此繁荣兴旺，但从邓小平生前一直到党的"十八大"以来，无论哪一届中央领导集体，从来都没有忘记过国之忧患。忧在何处，患在何处呢？

二十世纪八十年代末，邓小平同志曾经在半年的时间内四次提到：中国改革开放十年最大的失误在教育，在"对青年的政治思想教育抓得不够""对人民的教育不够"，足见他的痛心疾首。他晚年时又提到了"国格"与"人格"的问题，讲道："谈到人格，但不要忘记还有一个国格。特别是像我们这样第三世界的发展中国家，没有民族自尊心，不珍惜自己民族的独立，国家是立不起来的。"

（精装版《邓小平文选》第3卷331页。）

人们很少注意到邓小平的这一段话，但邓小平恰恰是在这里把"国格""人格"提升到了事关"立国"的高度。

那么，什么是我们社会主义的"国格"呢？邓小平讲得很明白："民族自尊心""民族的独立"。

新中国一路走来，我们最大的尊严便是完全靠"自力"，靠"艰苦奋斗"，而达"更生"之境。对西方敌对势力的"冷战""热战""和平演变"，我们何曾有过屈服？也正是在这一前提下，我们才有真正的"民族独立"。这就是我们的国格。那么什么是我们中国人的人格呢？邓小平同志在这里没有讲，但他在1978年4月22日召开的全国教育工作会议上的讲话中，在讲到我们的教育培养目标时，至少提到与社会主义人格相关的各个方面：革命的理想，共产主义的品德，勤奋学习，严守纪律，艰苦奋斗，努力上进，爱祖国，爱人民，爱劳动，爱科学，爱护公共财产，助人为乐，英勇对敌，集体主义精神，专心致志地为人民工作，等等。这里的哪一条不属于社会主义人格的范畴呢？

2006年党的十六届三中全会，第一次提出了"建设社会主义核心价值体系"的历史性命题和战略任务。2007

年，胡锦涛同志在"6·25"讲话中又具体提出这个"体系"包括四个方面的内容：①马克思主义的指导思想；②中国特色社会主义共同理想；③以爱国主义为核心的民族精神和以改革创新为核心的时代精神；④社会主义荣辱观。这四个方面，一是信仰，二是理想，三是精神，四是道德文明，哪一个不在社会主义人格的范畴之内呢？党的十七届六中全会又提到了社会主义核心价值体系是"兴国之魂"。

2012年11月，在党的"十八大"上又用"三个倡导"把社会主义核心价值观概括为十二项：①倡导富强、民主、文明、和谐；②倡导自由、平等、公正、法制；③倡导爱国、敬业、诚信、友善。而且中办文件又把这"三个倡导"分为三个层面：第一个"倡导"的四项，是国家层面的价值目标；第二个"倡导"的四项，是社会层面的价值取向；第三个"倡导"的四项，是公民个人层面的价值准则。实际上前两个"倡导"的八项都是属于"国格"范畴，而第三个"倡导"是属于"人格"范畴。

那么，我们怎样才能在前面讲到的那些历史嬗变中培育建构起这个"核心价值观"呢？中共中央政治局的第十三次集体学习，似乎很明确地回答了这个问题。

新华社北京2014年2月25日电讯称：中央政治局在2月24日，以弘扬社会主义核心价值观，弘扬中华传统美德为内容，进行了集体学习，习近平总书记在主持学习时强调：

培育和弘扬社会主义核心价值观必须立足中华优秀传统文化。牢固的核心价值观，都有其固有的根本。抛弃传统、丢掉根本，就等于割断了自己的精神命脉。博大精深的中国优秀传统文化是我们在世界文化激荡中落稳脚跟的根基。中华文化源远流长，积淀着中华民族最深层的精神追求，代表着中华民族独特的精神标识，为中华民族生生不息、发展壮大提供了丰厚滋养。中华传统美德是中华文化精髓，蕴含着丰富的思想道德资源。不忘本来才能开辟未来，善于继承才能更好创新。对历史文化特别是先人传承下来的价值理念和道德规范，要坚持古为今用、推陈出新，有鉴别地加以对待，有扬弃地予以继承，努力用中华民族创造的一切精神财富来以文化人，以文育人。

习近平总书记的这段论述相当精辟，对于如何培育建构社会主义核心价值观问题从四个方面剀切明白。

第一，他明确指出要在中华优秀传统文化的基础上，来构造我们的社会主义核心价值观，而不能割断历史。这一条十分重要，否则我们便会失去我们的本来面目，便会成为无源之水，也就无法走向未来。

第二，指出了中华传统美德是中华文化精髓，蕴含着丰富的思想道德资源。这就为我们揭示了社会主义核心价值观，要以弘扬优秀的中华传统美德为基础。

第三，他指出，对传统文化在扬弃中继承，在继承中创新。这就是说，社会主义核心价值观的内涵，既要有优良传统的文化精神，也要有时代精神，是二者的有机结合。

第四，他指出要用中华民族创造的一切精神财富，来化人育人。这就是说，弘扬中华民族文化，并不只是传承儒学那些道统，而是要弘扬全民族共创的优秀传统文化。同时也就是说，培育、弘扬社会主义核心价值观的根本目的是化民、育人。

尤其值得瞩目的是，习近平总书记在这次讲话中提到了一个"中华民族独特的精神标识"问题，而在同年的全国组织部长会议上又提出我们再也不能以GDP论英雄的思想。让人欣慰的是，思想道德文化建设终于被提升到一个民族的标识地位，这至少表明中国人的思想观念，并不落伍于世界潮流。

并不受人欢迎的亨廷顿生前给他的祖国提出的警示忠告，竟是如何弘扬他们没有多少历史和文化的"传统文化"："盎格鲁新教精神——美国梦"，以此为国家的"文化核心"问题。他讲道："在一个世界各国人民都以文化来界定自己的时代，一个没有文化核心而仅仅以政治信条来界定自己的社会，哪有立足之地？"所以，他提醒他无限忠于的祖国，一定要巩固发扬他们自入居北美以来，在新教精神基础上形成的"美国梦"理念的"文化核心"地位，这样才能消解这个国家的民族与文化双重多元化的危机。为此，他甚至预言美国弄不好会在本世纪中叶发生分裂。而且他公开预言不列颠大英帝国也会因民族与文化多元化的问题，导致在本世纪上半期发生分裂。

西方的一些专家学者们也十分强调国家民族文化的地位问题，柏克说："全世界的人根据文化上的界限来区分自己。"丹尼尔同样说："保守地说，真理的中心在于，对一个社会的成功起决定作用的是文化，而不是政治。开明地说，真理的中心在于，政治可以改变文化，使文化免于沉沦。"这些语言也可能有它们的局限性与某种非唯物性，但至少可以让我们看到那些发达的资本主义国家在想什么，至少与马克思主义经典作家们，关于意识形态并不总是消极被动地接受它的经济基础的论断并不相悖。

中国显然具有世界上最悠久的民族文化，同时显然也拥有世界上最强大的政治优势。新中国包括它直接进入社会主义的经济形态，以及其后的一次次经济变革，哪一次不是靠政治力量在强力推动呢？它当然同样拥有让我们几千年的民族文化"免于沉沦"的能力。有学人认为我们的民族文化早就被以往一次次的历史性灾难割裂了，这个看法显然都是毫无道理的。但我们当下却确实面临着"两个传统"失传失统的危险。中国的传统文化与优秀的民族美德，在当代国民中还有多少传承？老一代中国共产党人用生命与鲜血铸就的光荣革命传统，在党内还有多少"光大"？我们现在全民族的"核心文化"到底在何处？"社会主义核心价值观"的提出不仅符合世界潮流，也是使我们优秀的民族文化得以传承而不发生历史断裂的根本保证。富和强永远都不是一个民族的标志，哪个国家不可以富，不可以强？但能代表中国"这一个"本来面目，具有自己民族特色的，唯有中华民族的文化，能代表中国人形象的只有中国独具的道德人格。什么是人格？人格就是原始戏剧中不同角色的本来面目。

综上所述，我们是不是可以这样认为，社会主义核心价值观应内含如下的成分：中华民族传统文化中的优秀传统美德；中国人民近现代反帝反侵略反封建的爱国主义、斗争精神与中国共产党领导下形成的几十年光荣革命传统；中国化了的马克思主义有中国特色社会主义的共同理想；与"中国梦"远大目标相适应的时代精神。由这些内涵构成的社会主义核心价值观，用它来干什么呢？用习近平总书记的话来说就是"化人""育人"，把它再具体化一下，无非是打造能体现中华民族特色，代表中国形象的国格、人格。在思想道德层面上，一个国家的民族精神也只有在人的身上才能体现，所以我们依据社会主义核心价值观的基本要求，针对当代青少年的实际情况，策划了《中国人格读库》这样一套大型系列选题。

本套书承蒙全国少工委、中华文化促进会、团中央中国青年网三家共同主办推广，并积极提供书稿。难得高占祥老前辈热情出任该套书的编委主任，且高占祥同志不辞屈就加盟主创作者队伍。一些大学、中学教师与青年作者也积极加盟此套书的编写。该选题被国家新闻广电出版总局列为2014年全国社会主义核心价值观重点选题，在此一并鸣谢。

希望本套书的出版能为社会主义核心价值观的培育与弘扬，为促进青少年的道德人格养成起到积极的作用。欢迎广大读者与作家对不足之处批评教正，多提宝贵建议与指导意见。

谨以此代出版前言并序。

二〇一四年十月

于北京时代华文书局

引言

　　浙江萧山的石板山，常年草木丰郁，每当到了春夏之交，山麓的植物都竞相生长，远远望去，显得苍翠可爱。石板山不算高大，评选中国的名山大川，也许根本不会有她的一席之地。也没有多少人能准确而清楚地指出她的所在，她就在那儿静静地站着，和周围的山脉一样，亘古如斯，显得极为平常。如果你不是特意地辨认，也许你的目光会一扫而过，不会有片刻的停留。石板山绵延弯曲，像一只母亲的手，静静地守护着这一方水土，和这水土养育的一代又一代的中华儿女。

　　石板山下，有一座清代的古墓。古墓建于清道光二十一年，即1841年，那正是中国大地蒙受苦难的开始。这座墓碑是一座历史的丰碑，永远定格在古老中华民族的历史画卷中。古墓用石块砌成围墙，用大石板压着墓顶。墓不算大，大约直径7米多，高4米。古墓依靠着石板山，就像在山的怀抱中，安静而平和。古墓的主人，是在鸦片战争中为保卫定海而牺牲殉国的定海总兵葛云飞。

葛云飞，字鹏起，又字凌台，号雨田。葛云飞是中国近代史上的民族英雄，为抗击英国的入侵，壮烈牺牲。当时的清政府，为了表彰葛云飞的英勇，赐葛云飞谥号"壮节"，并赏赐丧葬经费，修建了此墓。古墓面阔五间，中部三间向内凹进，立有一块石碑，碑上刻着"诰授振威将军追赠太子少保葛壮节公之墓"，正脊刻"忠荩可风"，为咸丰皇帝亲笔题写。两旁楹柱上刻着"泉台光宠泽，抔土奠忠灵"的联句，诉说着葛云飞的悲壮历史。葛云飞虽然在抗击英国侵略、保卫定海的战役中牺牲了，但是他的精神没有被人们遗忘。一代又一代的后人，守护着古墓，来告慰葛云飞的英灵。墓前设有祭桌，供后人和爱国志士前来凭吊祭扫。墓前的望柱高两米多，柱上雕有石狮子，并刻有清代著名学者王端履撰写的对联："视死竟如归，遇大节不可夺志；临难无苟免，惟杀身乃得成仁。"联句大义说葛云飞面对着英国人的侵略，与侵略者英勇地搏斗，面对死亡丝毫无所畏惧，始终怀着拳拳赤子之心，要驱逐侵略者，保卫祖国的每一寸海疆和土地。在没有生还希望的情况中，他仍要奋勇杀敌，与敌人同归于尽，为世人树立一个大义凛然的民族英雄的榜样，挺起中国人的民族脊梁。

目录

一、所见真非俗，其人早不凡

1789 年，是大清帝国乾隆五十四年。在这位太平天子的治理下，一切都显得那么平静，百姓们过惯了号称"康乾盛世"的安乐日子。但是风云却在此时悄悄地聚集，似乎要席卷整个华夏大地。

这年的八月，天气已经很凉快了，大家正忙着准备过个热闹的中秋节。老人们坐在屋前喜悦地说着今年的收成，青年们为家里的事忙前忙后，一看就是个殷实勤劳的家庭。9 日的凌晨，葛家显得格外忙，大家进进出出，只为迎接一位家庭新成员的到来。葛家的第三代当家人，葛成升娶的是同乡张再明的次女，张家也是乡里的读书人家。看看怀孕十月期满，全家人都喜笑颜开，只等着小生命的到来。

不知什么时候，天上聚积了一朵白云，在微明的月光下，显得十分醒目。大家可忙得没有闲工夫抬头看云彩，都焦急地等待着。云朵渐渐飘近，慢慢形成了一面军中大旗的形状，停留在葛家庭院的上空。

葛老太爷出神地抬着头，微微仰望天空，皱着眉头，似乎在想些什么。忽然，哇的一声，是婴儿的哭泣声，从里屋里传了出来，响彻云霄。葛老太爷从沉思中惊醒，宽慰地舒了口气。他知道，是葛家第四代出生了。

葛家虽然算不得是豪门望族，但也有相当精彩的家族历史。葛家本姓张氏，是宋魏国忠献公的后人。十六世祖在元末的时候才侨居到萧山县南，后避三丁抽戍的兵役，迁到了苎萝乡的东葛陇，于是改姓葛氏。十六世祖的儿子道翁又迁至山阴县天乐乡的山头埠，子孙因此世世居住在此。想来也已经有几百年了。自己的祖父在此隐居读书，明庄烈皇帝下诏书征召他出来做官，被他一口回绝。自己的父亲乐善好施，乡里都称为大善人。府尹大人还亲自赐匾额"无双义士"，现在还悬挂在正堂上。老太爷不禁抬头向堂上望去。自己总算没有辱没了先人的名声。自己虽也读书，但是武将出身，一辈子为国家出力，朝廷敕赠武略佐骑尉，江南长淮卫四帮领运千总。现在儿子、孙子都从武略，也算是将门了。老人似乎回想起了当年在军营号令千人的威风，他抬头看了看天，那朵像大旗的云还没有飘散，难道葛家又要出一位将才？他听着家人的禀报，生的是个男孩儿，那就用云起名吧——"云飞"，希望这孩子长大能有出息，能光宗耀祖，像祥云一样让人景慕。葛老太爷为云飞的出生感到高兴，慢慢地踱回到房中……

时间流逝，小云飞也一天天成长起来。虽然年纪尚小，可云飞却与别的孩子很不一样。还没有入学，云飞的性格却很沉稳，从来不嬉戏喧哗，不但赢得长辈们的青眼，就是在小伙伴们中间，也是备受尊敬。大家都不敢和他玩笑打闹。小云飞好像天生就有一种威严，见过他的长辈们都暗暗称奇，说他将来一定会有出息的。一晃就七岁了，父亲让小云飞往同乡陈绍涞先生家就学。云飞聪颖过人，过目成诵，先生很是喜欢。葛家更是高兴得不得了。云飞从小就生活简单朴素，虽然家境比较宽裕，但云飞却严格要求自己，一点儿也不像一个不到十岁的小孩儿。他只要见到自己的鞋子绣有花纹，便会用墨涂黑，以示自己绝不沾染这些纨绔子弟的奢靡习气。同学一共九人，大家一块儿玩耍嬉戏，但都对云飞心存畏惧，见到云飞都远远地躲着。云飞自有一股威严的气势，让小伙伴们从不敢戏弄他。长辈们相聚谈论，都说云飞是"人中虎"，一定会成为国家不可多得的将才。

　　云飞的颖悟过于常人，有时候大人都说不过他。在他十岁的时候，乾隆皇帝去世了，举国哀悼。按当时的规矩，成年人必须一个月不剃头，以表示对皇帝的尊敬与哀思。而云飞因为年纪小，并不需要遵守这样的规矩。可是小云飞自有自己的一套理解。他说："大人是大清国的百姓，我们小孩儿也是大清国的百姓，为什么一定要用年龄来区分呢？为什么你们要遵守，而我则可以破例呢？我也要和大人一样，坚持一个月不剃头。"大家拗不过他，只好让他坚持，但也对他的决心和对礼仪的认识感到惊讶。

随着年龄的增长，云飞的学业越来越精进。于是家里让他跟随陈南翰老先生读书。陈老先生是当地的大儒，他对云飞非常满意，说云飞有英才，而且相貌不凡，只可惜自己才疏学浅，不能成就云飞的学问。虽然老先生有所自谦，但也可看出他对云飞的器重。云飞有一次偶然得到一本朱熹的《小学》，一读之后便爱不释手。这本小书主要是讲的是一个士人应该怎样立身处世。朱熹自己曾说："后生初学，就应该看看《小学》这本书，可以让人学到应该怎样做人。"《小学》全书一共六卷，分为内外两篇，内篇又分为四个纲目，分别是立教、明伦、敬身和鉴古，外篇两个部分，分别是嘉言、善行。这本著作主要讲的就是人要明白伦理道德，这在追求道德的士人看来是非常重要的。但是在当时追求功名的学生的眼中，这本书却不是当务之急了。为了考取科举功名，大家都在习作八股文，云飞读这本书，便惹得同学们的嘲笑。云飞一本正经地说："这本书是教人做人的方法，也就是我们博取功名的根本。如果不能立身处世，就算考科举考到了状元，那也不过是离做人越来越远而已。你们所说的功名科举，又有什么值得称道的呢？"陈老先生听到他的这番言论后，再三地称赞，并且当面写了一首五言律诗赠予云飞。其中有两句便是"所见真非俗，其人早不凡"之语。可见陈老先生也是有识人之明的。嘉庆时期，国力已经不如乾隆中期那样强盛了。人们的思想也慢慢地转向消极地应试。考功名便是做好八股文，其他的学问道德不再讲究了。这样，社会思想也慢慢地混乱了，大家都追名逐利，很少有人能真正地用道德的标准立身处世，大家虽然口头说孔孟之道，但是心里却没有它的一席之地。对当时的葛云飞来说，能从提高自身修养和道德标准的角度出发，来认真地学习先贤所讲的道理，无疑是值得赞赏的。

十四岁那年，家里给云飞娶了个媳妇金氏。金家也是个读书人家。

青年的葛云飞不但在学业上精进，对于父母亲也是十分孝顺。这是最难得、最被人称道的品行之一。嘉庆八年（1803年）春天，葛云飞和同学们一块去省城考试。到了考试这天，家中突然传来消息说葛云飞的母亲张氏病重。葛云飞心里非常悲痛，心急如焚，恨不得马上飞到家中看望母亲。他当即决定放弃考试，回家看望母亲。同学们都苦苦挽留葛云飞，说："这次考试是一个难得的机会，我们辛苦了这么多年，不就是为了这一次考试吗？令堂一定吉人天相，不会有什么大事儿的。你就安心在此考试，等考到了功名再回去，那样令堂不也会感到欣慰和高兴吗？"本来这样的劝说是能打动人心的，但是葛云飞斩钉截铁地说："功名富贵这种东西，不是与生俱来的。而父母亲的恩情却是天所赋予的，没有父母就没有我。我不能因为外在的功名富贵而改变我对父母的拳拳依恋之心。你们的好意我都心领了，我一定要回去看望母亲，在她身边守护，直到她的

林则徐

身体康复。那时我再来和大家相会，听大家的捷报。"同学们见不能劝住他，也都不再说话。当时，省城离家有上百里路，虽然路面还算平整，但是要步行回家，也还是一件难事，何况要在最短的时间内回去。葛云飞心急如焚，得到消息时已经接近正午了。他连行李也顾不上，挽起裤脚就往家里赶。路上也顾不得半刻休息，水也没得喝，终于在下午赶到家中。一进家门，葛云飞噗通一声跪在地上。或许是因为赶路过于辛苦，或者是内心激动，想早一点看到生病的母亲，双膝跪地就没有起来，一直膝行至母亲榻前，呜咽哽塞，泣不成声了。母亲张氏看到自己的孩子匆忙赶回来，又是欣慰，又是怜爱，安慰葛云飞说："孩儿，你别太着急，我没事。你先起来，休息一会儿。"葛云飞端着刚盛出来的热粥给母亲喝，其实，张氏已经好几天没有进食了，见到儿子一片诚心，也就勉强喝了几口。葛云飞一直在母亲身边照顾，侍奉汤药，二十多天几乎没有怎么休息。在儿子的精心照料下，张氏一天好似一天，渐渐恢复了健康。看着母亲渐渐红润的脸色，葛云飞心中的大石头终于落了地。

第二年，葛云飞又因为自己生病，没能参加考试。他的父亲服满祖母三年的居丧期，带领着部属准备去赴任。临走前，父亲一有闲暇便和家人骑马出去打猎，珍惜着与家人在一起的日子。趁着三月草长莺飞，十几人骑着快马在原野上驰骋。此时的葛云飞已经十六岁了，虽然还未成年，但已经是身材修长的翩翩少年了。眉宇之间自然流露出英武之色，气度更是不凡。

父亲对葛云飞非常满意，一次出来打猎，也命葛云飞骑一匹快马相随。他以为葛云飞成天在书房中学习，不过问武事，就问葛云飞："弯弓射猎，是男子汉大丈夫干的事情，你也能试试吗？"葛云飞欣然答应，从父亲手中接过弯弓，放在手中掂量了一下，嘴角露出浅浅的笑容。他从身边随从身上取来箭壶挂在腰间，纵马便向原野深处奔驰。父亲吃了一惊，没想到儿子的骑术这么好，便也拍马赶上。葛云飞在草地间搜索着猎物，忽然听见左前方草丛中有响动。葛云飞定睛一看，是一只野兔正慌乱地在草地中乱窜。葛云飞想也没想，拈弓搭箭，嗖的一声，野兔应声倒地，还向前翻了好几个跟头。随从和兄弟们都大声地叫起好来。父亲也捋着胡子点头称许。随后葛云飞又发五箭，无不射中猎物。父亲欣慰地拍着葛云飞的肩膀说："这张弓我已用多年。我臂力大，平常也很少有人能拉开它，今天就赠送给你了。"然后长长地吁了口气，感慨道："你父亲我虽曾中科举，却不能跃马疆场，报效国家。现在国家让我做三等将军，不过只是闲职而已。你应该放弃学文而转学武，继承我披坚执锐的志向。读书是为了明理，身体是将领本钱；练习武艺，是为了强身健体，这是作为将领的身体素质。他日，你若能在疆场上杀敌立功，折冲御侮，做国家的栋梁，也就是我的孝子了。为父今番赴任，不知道何时才能回来。你一定要谨记为父的话，刻苦用功，以期将来受到国家重用。我与你约定，你花十年时间磨砺自己，到二十六岁时，便可参加举试。要做好长远的打算，才能把自己磨炼得越来越好。你一定不能懈怠。"看到葛云飞认真地点头，父亲又说道："家中并非特别殷实，你于闲暇时也应该参与农活，一是补贴家中不足，二来也能知道稼穑的艰难而勤俭持家。不要小看了农事。"葛云飞将父亲的嘱咐一一记在心里，郑重地拿着弓，又一次认真地掂量起弓的重量来。这一次谈话，对葛云飞的影响非常大，在今后的人生道路上，他正是按照父亲的谆谆教诲，勤勤苦苦地为国家、为民族贡献着他的一生。

在此后的十年中，葛云飞谨守着和父亲的约定，在家读书习武。葛云飞此后的读书，不再以举业为事，不再矻矻于章句小学，不再读程朱理学，而是着眼于经国大事与古今成败。他涉猎诸多历史名人传记，分析他们的去留取舍。他臧否历史人物，大多都能切中要害。他读《史记》，读到廉颇蔺相如一节，他认为蔺相如在秦廷保护和氏璧，在渑池相会时胁迫秦王击缶，这些都不能算什么大的功绩。葛云飞认为"一无足取"。只有蔺相如在对待廉颇挑衅的时候，能主动退让，这一点是值得称颂的。葛云飞看待蔺相如的功绩，是从大处着眼，对于争夺一时之利或一事之利的事情，葛云飞根本不屑一顾。但是在面对大是大非，关系到国家生死存亡的时候，葛云飞的态度明确而坚决。他十分赞同蔺相如所说的大臣不和，于国家不利的说法。所以，当看到蔺相如能自降身份，甘心受到他人的嘲笑和曲解仍能低声下气地回避廉颇时，他由衷地表示了赞美。这样才是大忠大勇，这才是国家的社稷之臣。葛云飞在读书中明白道理，正如父亲所期望的那样"读书明理为将之本"。葛云飞胸怀宽广，此时才真正思接千载，视通万里，不以一时一地的得失来论人生价值。葛云飞的眼光已经超越了常人。

当他读到《李陵传》时，对于李陵那种战败投降的行为给予了严厉的批评。李陵是汉代名将李广将军的孙子，有很强的带兵打仗的能力，当时人称他为国士。在一次打击匈奴的战役中，李陵以区区800名将士对抗匈奴单于亲自带领的数万铁骑，最后因为弹尽粮绝救兵不到而投降匈奴。汉武帝听说他投降以后，下令处死了李陵全家。葛云飞议论说：军人在作战时，支援的部队不见来，自己又不能坚持战斗，则应该以死报国，以死来表明自己对抗敌人的决心和勇气。这不但可以保存自己的名声，同时也可以劝勉更多的人。而李陵却投降匈奴，背弃自己的国家，背弃自己的亲人，将自己投降的恶名加之祖先头上，让百代子孙受其恶名。这是不可饶恕的罪过。这不过是招来别人的恶评而已，又岂能对事情有半点帮助。真正的国士应该是这样的吗？在葛云飞看来，军人的职责就是义无反顾地完成既定的任务，尽管自己有失去生命的危险，也依然要坚持自己的使命，这才是一个合格的军人。而葛云飞自己就是这样一个军人，也是这种不屈的精神使得他成就了自己民族英雄的光荣。他用自己的生命诠释了他对《李陵传》的理解，直到生命结束，他依旧挺立在崖边，怒眼圆睁，手握钢刀做杀敌状。这是多么的英勇，就连侵略者对他也十分敬服。

东汉名将马援，功成名就后回到故乡，乡民都争相迎接他。当时平陵有位叫孟冀的人，号称有智谋，也去祝贺马援。马援正色道："我希望先生对我有只言片语的劝勉，没想到你和众人一样，只知道恭维我，难道就不能为我设一谋，出一计吗？"孟冀非常惭愧地说自己愚昧，不能为将军谋划，并询问马援将怎么做？马援说："现在国家北边正遭受着匈奴、乌桓的侵扰，我自当请命前去攻打。男儿的功名应该在边疆建立，应当马革裹尸而还，怎么能老死在妇人儿女手中？"马援的这一番议论，历来被人称道。不论是从为国尽忠的角度，还是从个人的视死如归的角度来说，马援都能称得上是气壮山河了。但是葛云飞读到此处，对马援的言论非常不满。他说"马伏波将军太误人子弟了！大丈夫既然委身于国家，就应该以天下苍生为念，还要马革裹尸干什么？"葛云飞的意思是，大丈夫应该全身心地为国尽忠，生死尚且置之度外，又何须用马革裹尸而还乡。葛云飞的这些想法都深深地烙在他的心底，一直到一生的最后时刻他仍然坚持这样的信念。

葛云飞在读书中砥砺着自己，同时也并未生疏弓马骑射的练习。十八岁那年，葛云飞在家自己练习骑射，因为膂力过大，将弓弦拉断。弓弦反弹，严重了伤害了他的眼睛，几乎达到了失明的程度。可是葛云飞依然每天勤奋地练习骑射，并没有因为眼睛的伤痛而稍作休息。他的家人都劝他爱护身体，不可太过勤奋，等眼睛完全好了，再练习骑射不迟。可是倔强的葛云飞说："个人的锻炼是要不断进行的，不可一日间断。况且我与父亲相约十年用功，就一定不能有所懈怠。"正是葛云飞这样孜孜以求地磨练自己，才有他日后成就非凡之功的一天。

嘉庆十八年，葛云飞二十五岁了，与父亲的十年之约已经到期。这年十月，父亲因为公干，在南京停留了数日。葛云飞便到南京省亲。父亲对他说："你这十年刻苦用功，我虽然身在远方，但也感到十分宽慰。明年春天，你我十年之约已至，你可以速回家去参加武举考试。"葛云飞辞别父亲，踏上回家的路，于年底到家，开始准备明年的乡试。

道光皇帝

二、宦海随浮沉，名节自不移

　　嘉庆十九年，葛云飞 26 岁，开始参加武举考试，直到 31 岁，他才中了武举乡试第三十九名。武举的开设，远在唐代就已经开始了，各朝沿用，一直到清末才得以废除。清代的武举考试很多地方是继承明代的考试制度，也颇为复杂。开设武举的初衷也是想为大清帝国选择人才。武举考试大概分四个等级进行。一为童试，在县、府进行，考中者称为武秀才；二为乡试，在省城中进行，考中者称为武举人；三为会试，在京城举行，考中者称为武进士；四为殿试，会试后取得武进士的资格后，再通过殿试分出等级高下，也称为廷试。武举考试，虽然不如文科那样受到高度重视，但也是清王朝网罗人才，维护统治的重要途径。武举考试分一、二、三场进行。一、二场试弓马技勇，称为外场；三场试策论五经，称为内场。《清史稿》对于武乡试的内容介绍颇为详细。考什么、怎么考，从清初几经改定，到嘉庆年间，已经完全定型了。第一场试马上箭法，驰马三次，射箭九支，以射中三支者为合格。第二场考试步行射箭和技勇。步射同样是九发三中为合格。所谓技勇，主要测试臂力，一共三项。一是拉硬弓，设有八力、十力、十二力三种弓，一力为10斤。参加考试者，自选弓号，拉三次，以拉满为准。若不能上十力的，则无权参加接下来的考试。第二项为舞大刀，刀分为80斤、100斤、120斤三种，考试者要完成左右闯刀过顶、前后胸舞花等动作。刀号可以自选，以一次尝试为准。第三场是举石块，是一种专为考试而制的石块，分为200斤、250斤和300斤，甚至300斤以上的石块。要求参加考试者将石块提至胸腹之间，再借助腹力将石底部各翻露一次，称为"献印"，一次完成则为合格。通过了这三项考试，再转入内场。内场是测试考生的文化程度。但是对于整天习武的人来说，内场的考试往往比外场更加困难，所以考试的内容也就经常变动。最初的时候，是考策论文章，顺治时题目出自四书和兵书。到了嘉庆年间，往往有很多考生在外场表现十分出色，可是来到内场却傻眼了。于是废除了策论的形式，改默写《武经七书》中的一段。通常只有一百字左右。这样，武举的标准一再改变，已经不是清初选拔优秀的将领的考试了。

葛云飞就是在这样的考试环境中参加了一次又一次的武举考试，嘉庆十九年补武童生第四，二十一年不中，二十三年不中，直到二十四年，葛云飞三十一岁才中乡试第三十九名，成为武举人。二十五年武科会试又不中，于是授千总的实缺，发往本省抚标效力，开始了他正式的军旅生涯。古代的士人，一旦步入了仕途，就意味着终生将要为这个王朝服务，一直到鞠躬尽瘁，死而后已，这正是葛云飞的梦想，也是他父亲的夙愿。二十七岁时，他编了一部《名将录》。从两汉到明末两千年间，他只选取了十一人，分别将这十一人带兵的事迹附录于下。两千年的历史，名将何止十一人，但葛云飞偏偏只选中了十一位，可见这本书的编纂，并非只是他学习军事的教科书，更是他砥砺名节，用以自励的座右铭。他录完十一人的事迹，在书后还写出自己的见解，用以明辨得失，为自己带兵打仗提供借鉴。可以说这是一部对葛云飞来说意义重大的一本著作。葛云飞还写道：只有圣人才能作为后代将领的楷模，而这种楷模恐怕在夏商周三代以后就寥寥可数了吧？一种历史的惆怅和以圣人事业为己任的气概溢于言表。葛云飞虽然接受父亲的引导，弃文从武，走上了一条从军的道路，但他的眼光从来没有停留在简单地博取一官半职、封妻荫子上。在他十九岁的时候，葛云飞在家后院种植了一些柘木，一位朋友恰巧来看望他，就开玩笑说："你种的这些柘木，是想学习陶渊明种植柳树的高逸情怀吗？"葛云飞非常严肃地说："我种植这些柘木，并没有隐士们的高雅情怀，也不是英雄末路时的无奈。如果要比附古人的话，我想这就好比蜀汉时诸葛亮家种的桑树吧。"葛云飞的理想，不但是要成为诸葛亮那样安邦定国的贤士大夫，同时还要学习诸葛亮那种高风亮节的情操。据《三国志》记载，诸葛亮曾经

《南京条约》签订场景

上表给蜀国后主刘禅，称自己在成都的财产只有桑树八百株，薄田十五顷，自己的子弟平常生活费用都可以从这些产业支出。诸葛亮宣称自己绝不会因为位高权重而假公济私，贪赃枉法。在葛云飞眼中，也许只有像诸葛亮一样的军事家、政治家才是值得学习和效法的。这种境界高出一般的武将太多，葛云飞是一个有理想、有信念、有追求的军人。他这种高尚的情怀也和他父亲的教导有很大的关系，父亲曾告诉他读书明理才是军人的根本。葛云飞所坚持的这些理想、信念正是他在后来的惊涛骇浪中立身不败的精神支柱。这种伟大的人格精神不但支撑着葛云飞伟岸的身躯，同时也指引着后来人去学习、去体会。有这样的人格精神，葛云飞才能最终铸就他人生的辉煌。

道光三年（1823 年），葛云飞三十五岁，在经过漫长的武举考试后，葛云飞终于考上了武进士。他在会试中排第四十，殿试排三甲第二十一，虽然成绩不算是特别优秀，但能考中武进士，已经是常人通过国家正规途径所能取得的最高成就了。朝廷降旨封葛云飞为营守备，但葛云飞拒绝了，他要求加入水师。在兵部官员的引见下，葛云飞在乾清宫陛见了道光皇帝。这一次面见皇帝，给葛云飞带来了莫大的鼓舞，他知道发挥自己才能的时候到了，自己终于可以在广阔的天地中建功立业了。回到家，他写了一首登第诗，其中一句是："事业人皆争第一，功名我自励千秋。"在葛云飞心中，他想建立的功业是有利千秋的，是可以流传千古的，这才是葛云飞的志向。正是这种追求不朽的勇气，才使得葛云飞在中国反抗侵略的光辉历史中留下浓墨重彩的一笔。

走上仕途的葛云飞，逐渐在庸庸碌碌的将官中崭露头角，显示出了他非凡的将略和胆识。道光四年，葛云飞在宁波提标右营任职，和营中官兵一样，他需要出海巡捕盗贼。众军兵出海，只是在近海略微做做样子，从不敢真正出海缉捕盗贼。只有葛云飞率众为一队，常常深入海中，"穷极边际"。营中众将官大为不解，问葛云飞说，出海捕盗不是儿戏，海上风浪大，极容易出现危险。就算不受天气影响，若是真的遇上盗贼，也是不好对付的。你只管在近海出巡，做做样子就行了，还真的为公家的事情出力卖命吗？葛云飞说："你们认为盗贼很容易捉吗？不深入海洋之中捉贼，难道海贼会出现在你的家门口？况且将船驶入无边无际的大海，在那海天相接、狂风怒涛之中，正好锻炼我的胆识。"听了他这番义正词严的话，同僚们再不敢说什么，甚至都有些敬畏葛云飞了。正因为葛云飞这样勤恳地工作，为国家、为百姓出力，不久就升为水师守备了。

道光七年（1827 年）七月初五日夜，葛云飞率所属官兵出海巡察，这一次是向北航行。这一夜月光很暗，海面上一片平静，将士们都坐在船头悠悠地思念着家人。忽然，海上似乎隐隐显现出一丝微光，并伴着阵阵桨声。葛云飞立刻警觉起来，"说不定，前边就是盗贼"，葛云飞心中盘算着如何才能一鼓作气将这伙儿胆大妄为的盗贼抓获。在这黑暗之中一击不中，恐怕盗贼向远海逃窜，那再想追赶抓捕可就难了。葛云飞指挥道："黑暗之中，恐怕难以取胜。现将灯火全部熄灭，静观其变，等待时机。"左右接到命令，迅速地熄灭了船上所有的灯火。这时海面显得更加黑暗了，除了海浪声和风声，就只剩下官兵们的呼吸声了。大家都捏紧拳头，握紧钢刀，静静地等待着葛大人的命令。葛云飞心生一计，他命令左右发出商船独有的号子声，以迷惑敌人。敌人果然上当，他们以为面前这艘黑漆漆的船是一艘商船。面对着飞来的横财，盗贼们哪还有心思去琢磨，哗啦啦划着桨就过来了。葛云飞手持钢刀，峭立船头，命令船员也操船悄悄地靠近。盗贼们心花怒放，一个个都跳上了水师的船。正当盗贼们四下找寻财物的时候，葛云飞大喝一声，全船官兵一起动手，盗贼们只得束手就擒。其中有一个盗贼，甚为勇猛，好几个兵丁都不能制伏他。只见他跳上船头，要和葛云飞拼命。葛云飞拔出钢刀只身迎敌，战不数合，已连砍盗贼三刀。盗贼软倒在地，再也不能逞其威风了。这一次战斗，水师大获全胜。原来抓获的这一批人是常年在海上杀人越货的惯盗陈兆龙等九人。葛云飞立了大功，夺下了盗贼的船只，以及所有的武器包括火炮。当地百姓拍手称快，都衷心感谢葛云飞。这一次行动使得葛云飞声名鹊起，连盗贼中也流传着："莫逢葛，必不活"的歌谣，并且相约不再进葛云飞所辖的海域，从此这里的商旅渔夫恢复了往日平静的生活。

葛云飞为官非常清廉，虽然家中不怎么富裕，但从来不接受别人的馈赠。有些固执的人，非得给葛云飞送点什么不可，但又苦于找不到理由。于是趁着葛云飞出海巡逻，就以犒劳军士为借口，想给葛云飞送点食物作为礼品。葛云飞坚决不接受，不论来人怎样劝说，葛云飞非常坚定。葛云飞说："你若是来犒劳军士的，则一杯清水足矣，又何必拿这么多食物过来呢？"说得来人哑口无言，只得知趣地将食物抬了回去。经过此事，百姓和浙江官场对葛云飞更加敬佩了。一位官吏感慨说他历经官场二十多年，从来没有见过像葛云飞这样心如冰雪的人。葛云飞就是这样对自己要求严格。他不但要求自己，治军也是非常严厉，将士们有过必罚，这才能保障军队的战斗力，保障百姓对军队的信心。道光七年的年尾了，大家都忙着准备过年。有一个士兵偶然在百姓家拿了一个芋头，被葛云飞知道了。葛云飞想，平常我对军士们管束非常严厉，这个士兵又是初次违反规定，想要睁一只眼闭一只眼就让这件事情过去，但想想终究还是要责罚他，自己惩戒不严明，就不能约束好一支军队，将来的问题就会越来越多，以至于不可收拾。为了惩小而诫大，他决定重重地责罚这个士兵，对士兵实施了鞭刑。几鞭下去，士兵的背上就殷红一片，流出血来。其他的军士一看，这名士兵因为拿了百姓的一个芋头，便被这样重重地惩罚，都不禁心存恐惧，严格遵守营规了。葛云飞虽然对下属严厉，但也十分细心地关怀他们。每次在校场检阅士兵时，只要有士兵的动作不规范，葛云飞都要上前亲自指点，纠正他们的错误，并示范好几遍，直到士兵学会，运用流畅为止。因此，大家都能感受到这位葛将军的和风细雨，士兵们也都知道，军队的纪律是军队战胜敌人的法宝，再说又有这样关爱自己的将军，也都乐意为葛云飞效力。在定海战役中，剩余的几百名士兵，都愿意跟随在葛云飞身边，为国家抛头颅、洒热血，这都是平常一点一滴积累起来的勇气和决心，以及对国家和人民的忠心。

浙江定海附近的三盘岛海域，常年有海盗出没。嘉庆时期，定海总兵就常常要纠合人马出海缉捕盗贼。道光九年（1829年），在温州任上的葛云飞又率众出海了。可能是因为当年二月，葛云飞的祖母去世，葛云飞回家守孝，悲痛过度，使得他的身体受到了伤害。这一次出海，葛云飞是抱病硬着头皮去的。尽管葛云飞病得很严重，但这一次出海巡洋还是很有收获。不但缉捕了久未归案的江南劫布案的盗犯李欲，同时还缴获了许多随船的赃物。因为缉捕盗贼太过劳累，葛云飞病发了，每日要腹泻血水数升。家人和手下的军士，访遍了名医，给他用了不少中药，可是仍然不见效果。众人都急得团团转，就是束手无策。葛云飞身体非常虚弱，每日好像就仅剩一口气在延续着生命。葛云飞在这样的身体条件下，丝毫没有要休息的意思，每日还是勤勤恳恳地忙着公务。一天，葛云飞在船上视察将士们的日常训练，忽然晕倒在船上不省人事。众人赶忙施救，忙了许久，才见葛云飞悠悠转醒。左右兵丁都非常感动，想请这位又敬又爱的大人回陆上休息。葛云飞怒眼圆睁，说："我身为水师的

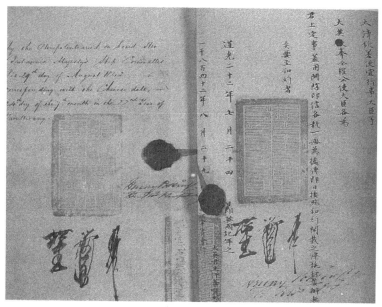

《南京条约》文本

将领，怎么能够擅离职守呢？现在身体虽然差，但我既然担任了这个职务，就要一丝不苟地完成任务，最坏的结局不过也就是死在岗位上而已。这正是诸葛武侯所说的'鞠躬尽瘁，死而后已'。你们不要劝我了。"众人苦劝，葛云飞依旧不听。当时的总兵邵永福听说葛云飞忽然昏厥的事，急忙去码头慰问葛云飞，并以上级的口吻命令葛云飞回公署休息。葛云飞一面感谢邵总兵的关心，一方面说明了自己的想法，他说："我在船上视察将士的工作，这是国家委派给我的任务，我这样坚持，是为了国家，为了百姓，并不是为了我个人的利益。我既然接受了这个工作，就应该以身殉之，不能有丝毫的懈怠心理。在我小的时候，就已经立下志向，将来要为国家的事而舍弃自己的生命。今年我四十余岁，而身体已病得这样严重，可见我想为国家办事也办不了几年了，所以就更应该勤恳地在这里当差。我在一日，就要为国家分一日的劳，这样就算我哪天不幸离世，我也会心里稍微安慰一些。"左右兵丁听了他的话，都不禁流泪。邵总兵知道自己不能劝葛云飞回去，也叹息着回了公署。邵永福回到公署，对他的下属说："没想到葛云飞能做出这样大公无私的举动来，我们这些平凡的将军真是应该感到羞愧啊！"有位看不惯葛云飞办事风格的人，常常在邵永福面前说葛云飞的坏话，说他"办事太过认真"。正好这一次，这个人也在场。邵永福对他说："你老是说葛云飞办事太认真，依我看，就是要这样认真，才是好的。"说得那人面红耳赤，无话可说。

十一月，经过两个多月的调理，葛云飞的病情稍稍得到了缓解。上级因为葛云飞恪尽职守，让他代理提标右营游击。一日他入城办理公事交割，一城的军民见到他都落下了眼泪，感念葛云飞平时对百姓和军士的关心爱护，都不舍得葛云飞离开。百姓中有一个年仅七岁的林家的小孩儿，抱着葛云飞的马腿，一脸稚气地说："大人，您的病好些了吗？您真是一位好官，可惜您要离任了，我们真舍不得您啊！"说着忧伤地低下头。葛云飞见到百姓们对他这样的依恋，心情十分激动，忍不住也流出了晶莹的泪水。葛云飞想，自己出生入死地忘我工作，不过就是想让一方百姓安居乐业，如今百姓们可以安心地过活，自己就算再苦再累，也是值得的。葛云飞下马走向百姓，对着四方拱一拱手，说："大家对我的厚爱，我怎么能担当得起。我葛云飞担当不起啊！"葛云飞在任上的一举一动，百姓们都瞧在眼里，记在心里，才会这样由衷地感谢他。

道光十年（1830 年）正月，葛云飞调任宁波。上级知道葛云飞是个极有能力的将领，于是命令他率领自己统辖的水军，巡查整个浙江的海域。命令浙江整个海域各个布防地点哨船的多寡，所属部队官员的考勤，他都要据实向上级汇报。葛云飞的严厉是出了名的，大家听说是葛云飞总领巡查的事宜，都寝食难安，生怕有什么地方疏忽懈怠，自己的官位可就不得保了。于是大家都认真地办差，做好每一件布防工作，上到高级将领，下到一般的士兵，都是战战兢兢、如履薄冰地完成自己的任务。

代表美国与中国签订《望厦条约》的凯莱布·顾盛

百姓都感到奇怪，平常养尊处优的兵老爷们如今都忙活起来了。以往平静的海面，现在也是官船穿梭其上，热闹极了。而那些平常出来做些不法勾当的盗贼们则傻了眼，躲在家中不敢出来，一出来就被官兵抓个正着。因为葛云飞的巡视，浙江的海面平静了很长一段时间，百姓们都奔走相告，打心眼儿里感谢葛云飞。这一次葛云飞的巡视，南到福建的福鼎县，北到浙江的金山县，周行了数千里，给百姓们带来了福祉。葛云飞大病初愈，遇到这样的大事，仍然是精神抖擞，干劲十足。到了八月份的检阅，葛云飞射箭六发六中，水陆操练士兵，都是浙江第一，被人称为楷模。

葛云飞凭借自己的真本事和恪尽职守，不断升迁。但是葛云飞仍能保持一颗平常心，保持军人所应有的认真态度，一丝不苟地完成自己应该完成的任务，从来不因为自己身居高位而骄纵。道光十三年，葛云飞在浒山附近的海域抓获大盗洪金等十人，并缴获了船只、火炮枪支、弹药等物。道光十四年，葛云飞在大羊山附近海域抓获巨盗程兴龙等六人，缴获船只、器械、火药等物。使得盗贼们闻风丧胆。葛云飞抓捕盗贼，往往都是运用智取，而不是一味地用武力解决。葛云飞的官船在海面上巡逻，并不像其他官船一样设置有锣鼓火炮之类的。其他的官兵，见到盗贼来了，就擂鼓助威，或者鸣击火炮，来惊动贼船。盗贼也会知难而退，见到官船就自动回避。所以其他的官兵也乐得平安，但这苦了附近的百姓。葛云飞不一样，他从来不摆官架子，见到盗贼也不是鸣鼓震慑。一切官军所有的旌旗，除了传令之外，也不是一直设在船上。远远望去，葛云飞的官船倒像是一艘商船。有时候，葛云飞还自己乘坐小舟做诱饵，去引诱敌人，敌人也会贪功冒进，然后葛云飞一声令下，四面合围，将敌人歼灭。正是葛云飞运用这些捕贼的技巧，使得他创获很多，远非其他官军所能相比。当然这也是葛云飞艺高人胆大，不怕与盗贼正面交锋。海贼中都流传着葛云飞坐商船捕盗的传说，以至于很多时候，海贼见到真的商船也不敢靠近。相比之下，葛云飞这种无声的震慑更能震动海贼的心，更能保护好一方百姓。葛云飞和那些尸位素餐的官军比起来，简直有云泥之别。

葛云飞约束部将十分严格，即便是在平常也军容整肃，绝没有半点儿戏。道光十四年九月，朝廷又举行检阅，时年四十六岁的葛云飞仍然是六发六中，水陆军操练全省第一。军士们无不称好。当时的闽浙总督陈祖洛参加完检阅，回到福建，下属们都来迎接。大家都还没有坐定，陈祖洛突然说："这次去浙江参加检阅，总算探访到一位人才。"下属询问再三，才知道陈祖洛说的就是葛云飞。陈祖洛说："葛云飞号令严明，军容整肃，就是我见了也觉得毛发悚然，何况是那些盗贼呢？虽然名列于古代名将，也不为过奖。"得到总督赞许，葛云飞的威名更盛。而葛云飞也更加勤勉，丝毫不敢有所懈怠。次年六月，闽浙总督陈祖洛、提督戴公、福建水师提督陈化成联名上奏，请朝廷任命葛云飞为福建烽火门参将，并且写了一份奏章，大意如下：臣等考查福建烽火门，属于孤岛孤悬海外，进港的水道又错综复杂。并且此地与浙江温州的海面交接，地理位置十分紧要，与两省的海防都密切相关，一定要派遣一位精明强干，熟悉当地海域和海上作战的将领才能胜任。今国家在用人之际，考查两省水师官员，只有葛云飞能够胜任这个差事。葛云飞不但有办事的能力，而且办事认真，对于闽浙两省的海域情况最为熟悉。况且葛云飞在宁波、温州任上，能够缉捕盗贼，创获也最多。实绩昭著，不容诋毁。我们都推荐葛云飞担任烽火门参将的职务，他一定能够胜任。朝廷接到奏报，很快就委任葛云飞为参将了。

当年十一月，葛云飞接到任命，将赴瑞安就任。当时，在瑞安外海域有个孤岛，岛上有座小山，人们称之为"南麂"。这个小岛周长十五里，离内陆一百五十里。当地的一些混混、游手好闲的人，见到这样一个小孤岛，平时无官军把守，便三五结伴来到小岛上，托名是在那儿种地，其实是干一些杀人越货、作奸犯科的勾当。更有一些海盗在海上劫取了商船，便上南麂岛上分赃。那南麂岛虽然深入海中，平常风光旖旎，其实是最肮脏的处所。时间久了，岛上也聚集了上千人。在那儿搭着棚子生活。内陆的官军也很少有人过问的，大家都睁一只眼闭一只眼，多一事不如少一事，也就听之任之。葛云飞到任瑞安，即日便分派军兵前去剿匪。葛云飞将岛上的人分成两拨，一是确实有犯罪事实的人，则毫不留情地关押审问，二是没有犯罪前科，只是自己在内陆不能生产，没有生活能力，在岛上混日子的无业游民，对于这类人，葛云飞勒令他们回乡，不得再来岛上。那些人哪里见过这等军容整肃的部队，吓得都屁滚尿流地回到内陆。聚众销赃的事也就没有了。葛云飞还不放心，他又命令军士们将岛上的一应建筑物全部拆除，将那些游民种植的植物一律铲除，以防止那些游民趁着官军不在时又回到岛上。回到公署，葛云飞还签发命令，令平阳、瑞安两县的官兵时常派官军巡查，要彻底地断绝游民返回南麂岛。葛云飞这样做的目的，不但是为了当地的治安，更重要的是教会那些游手好闲的人要有自己的正当职业，通过自己的双手来维持生活。尽管葛云飞出于一片公心，仍然有人在上级面前状告葛云飞，说他这样做的后果是那些没有生计的老百姓生活更加地窘迫。葛云飞分辩道："南麂是个孤岛，岛的面积不大，更不用说岛上多山，根本没有多少土地供百姓耕种。虽然一年到头在那儿辛勤地劳作也不一定会有收获。况且，若那些百姓真的能认真劳作，在内陆的土地不是更加的充裕和肥沃吗？他们在内陆又怎么会忍饿挨冻。百姓的想法，谁不是想安生地在一处耕作繁衍，何必要远涉海域，到一百五十里以外的海岛上生活。凡是那些在岛上生活的人，都是些懒惰成性，不愿意辛勤劳作的游民；或者是在内陆作奸犯科，犯下了罪行，到海岛上躲避官府的追捕。这些人聚在一起，只会做出不利百姓安居乐业的事情。现将他们驱逐，正是为了百姓们的生活，为了海域的清静。"还有人议论说："这些人相聚在海岛，是应该驱逐。但是岛上人数众多，如果骤然地驱逐，恐怕会激起民变。你如今的成功只是偶然的成功而已，不能算成是长久的计策。"葛云飞分析说："海岛上的百姓，除了一部分是盗贼外，大都是不事生产的普通民众。他们得知自己和盗贼混居，本来就心生恐惧。如今率重兵驱逐，他们唯恐不能远远躲避，又怎么会相聚在一块为非作歹呢？况且现在将海岛上的一应设施农田全部销毁，普通百姓再没有去的打算，正是帮助百姓们回归家园。"经过葛云飞的治理，南麂匪患渐渐也就消灭了。百姓也不再到南麂岛上过活。葛云飞的这种处理，深得上级的赏识，说葛云飞才干优长，有胆有识，能够排除众议而获得成功，是不可多得的人才，可以委以重任。当时瑞安还有一个令人头痛的问题。瑞安的近海，是商贾必经之路，所以当地有些奸猾的百姓，就假装出海捕鱼，实则劫掠过往的商船。这些人和安分的渔民一样，每日来往于海面，不容易分辨，所以官军往往难以捕捉。葛云飞到任以后，留心寻访当地的常住民，对于那些忠厚孝勇的人家，则亲自登门拜访。劝这些人家的子弟入伍，每村各得数人，安排于军旅之中。此后，村中有人假冒渔船出海劫掠商船，子弟们便和官军声气相通，这样就能捕捉到那些不法的歹人。正是通过这样一个智取的方法，使得那些奸猾之徒再不敢为非作歹。葛云飞到任一个月，就肃清了海面。在葛云飞的任期内，再也没有发生过劫掠商船的案子。由此可见，葛云飞并非单纯的一介武夫。他虽然勇武，但更重要的是能运用谋略，为一方百姓造福，维护一方的长治久安。当年年底，葛云飞命令军士常驻南麂，从此南麂岛的盗贼之患永远革除。葛云飞总结自己管理水军的经验，结合自己缉捕海贼的实例，写了《水师缉捕管见》一书，共十六卷。在书中，葛云飞详细分析了各种盗贼逃亡躲避的情形，以及水师缉捕时的注意事项，条分缕析，清晰明白。这部书是葛云飞用治军的心血浇筑而成。

道光十六年（1836年）冬，在养心殿受到皇帝接见的葛云飞回到了故乡。向朝廷请假一月，回乡修葺祖坟，和家人团聚。在封建时代，一旦出仕，就意味着终身要为王朝服务，想回家和家人团聚，共享天伦之乐，也都变成了一种奢求。葛云飞借着这个假期，在家乡度过了一个温馨的冬天。翌年正月，葛云飞结束假期，回到任所。正巧国家颁布命令，要闽浙总督钟祥推荐能够担当水师总兵的年轻将领。钟祥是这样向朝廷呈述的，他说："（臣与葛云飞）虽尚未见面，然素闻该员年壮才勇，练习水务，获盗著绩，不染虚浮习气，实胜总兵之任。"总兵的职位非常重要，已经属于高级将领。而总督推荐的是一个从未谋面的将领，让人难以置信。通常的推举，都是推荐自己最熟悉的人，或者和自己亲近的人。而钟祥能推荐葛云飞，足见葛云飞的威名远播，有口皆碑。同时，也可以看出钟祥唯才是举的公正之心，钟祥也同样值得后人学习。而钟祥的推荐的正确性和远见卓识，以及葛云飞真正的人生价值，在后来的定海

1793年出使中国的乔治·马戛尔尼

战役中，得到了淋漓尽致的展现。

道光十八年（1838年）三月，葛云飞代理定海镇总兵。接任的当日，葛云飞没有稍作休息，便率领水师出巡南北洋。六月，葛云飞仍回瑞安任上，便顺道回到老家省亲。此时，葛云飞的父亲已经年老辞官，居住在家。他见到已升任协副将的儿子，感到非常欣慰。他语重心长地对葛云飞说："你受国家的重用，数年之间，由一个小小的裨将升为军中的大将，你绝不能辜负了国家对你的信任，不要辜负了百姓的对你的厚望。今后处理军中公务，一定要更加勤勉努力。"葛云飞跪着听完了父亲的话。此时的葛云飞虽然已经是浙江水师的砥柱，位高权重，但他对父亲的尊重没有丝毫减少。因为往来北京浙江，葛云飞在路上受了暑气的侵扰，患痢疾，卧病在家，好几天滴水未进。此时，恰巧福建的盗贼往来浙江海域作案。盗贼船只有一百来艘，浙江官兵追捕不及，百姓们深受其苦。闽浙一带的官员，面对海盗大举侵犯，感到束手无策，想到只有葛云飞才能应付这种艰难的局面。葛云飞接到谕令，不顾自身的疾病，即刻启程。他还写好手书，派遣下属先行送达，以告慰两省官员，安定民心。他说："寸心自誓，一定要做到鞠躬尽瘁死而后已，绝不会因为自己的一点小毛病而打退堂鼓。只要我一息尚存，绝不敢苟且偷安，辜负了国家、各位同僚以及浙江百姓对我的期望。"葛云飞的言辞十分恳切。手书所到之处，军民都为之一振，驱逐海盗的信心与决心都得到了激发。当时，他离任所有一千余里，他日夜兼程，终于在四天内赶到任所，指挥战斗。四天的辛劳，使得葛云飞的病越来越重，但他仍然没有时间顾及自己，一到任所，就展开布置工作。当天葛云飞便带兵出关，饬令各部各营的官军在瑞安海域的凤凰山集合，听他的调遣。大家素来就佩服葛云飞，所以葛云飞的将令到哪儿都是畅通无阻，就连当时的三镇总兵，也都不敢因为自己的职位高于葛云飞而稍有违抗。大家万众一心，只希望将海境肃清。葛云飞往来于各个海域，不分昼夜地巡查。各级官兵都能小心谨慎地处理问题，浙江的海面上官军船只往来不断，旌旗蔽空。不到一个月时间，浙江海域的海盗全部被剿杀干净。处理完这里的事，葛云飞仍然率本部将官回到瑞安。

十月，浙江海域突然出现了外国船只，只是驶近海岸，就倏然而退。就是这惊鸿一瞥，已经让葛云飞有了警觉。他向上级汇报时说："西洋人大多爱用诡计，真实情况难以考察。西洋人的性格多变，难以为人所知。如今，朝廷正在广东稽查鸦片。洋人或觉得在广东无利可图，便转道来我浙江，想要寻衅滋事，从中谋取利益。本省应该严加防范，命令沿海各港口，加强戒备，以防止洋人入侵。"葛云飞已经敏锐地察觉了洋人的不法企图，同时向上级做了详尽的分析。可惜当时的统治者只想着息事宁人，以至于酿成大祸。而葛云飞在浙江定海，又首当其冲地经历了这场千年未有之变局。实在是可歌可泣，可敬可叹！

这一次洋人船只的出现，当然只是前奏。浙江海域很快又

英国议会

恢复到了往日的平静。这一年，葛云飞已经五十岁了。中国人的古话，行年五十，知四十九年之非。说的是历经了人生的艰难困苦，人到了一定的年纪，他的世界观自然变得深刻，对世事的理解也更加深刻。葛云飞也许是感受到了一场大的风暴即将到来，中国的土地上一条条暗流在涌动着，似乎随时都会将看上去平和的世界搅得天翻地覆。葛云飞像是自励一样，给自己打造了两口宝刀，分别取名叫"成忠""昭勇"。从名字就可以看出，此时的葛云飞，在历经了人世沧桑、宦海沉浮之后，依然保持着一颗年轻的心，青年时候的志向丝毫没有减损，反而在岁月的沉淀中越来越坚毅，越来越成为自己立身处世的精神支柱。葛云飞一定没有想到，在他剩下不多的生命中，这两口宝刀带给他的是怎样的济世情怀，是怎样的苟利国家、不避祸福的精神。他一定是握着这两口宝刀离开人世的，因为他报国的一腔热血已经倾注在这两口宝刀之中。宝刀打成后，葛云飞又写了一首诗，通过对宝刀的赞颂，表达他自己的忠勇。诗曰：

快逾风，

亮夺雪。

恨斩佞臣头，

渴饮仇人血。

有时上马杀贼贼胆裂，

灭此朝食气烈烈。

吁嗟乎，

男儿是处一片心肠热！

在这首诗中，我们不难看出葛云飞的一股英雄气概。宝刀的刀锋十分锋利，斩下佞臣的头颅，就像一阵风一样没有丝毫的停滞。宝刀明晃晃的，非常夺目，令敌人见之胆寒。而葛云飞有了这样的宝刀，变得更加热血沸腾，心潮澎湃。根本看不出是一个已经年过半百的老将写出来的诗歌，倒像是刚刚取得了胜利，正逐渐步向自己人生顶峰的年轻将领的迫切愿望。"恨斩佞臣头，渴饮仇人血"一句，可以很明显地看出岳飞《满江红》的影子。葛云飞正是化用了《满江红》中"壮志饥餐俘虏肉，笑谈渴饮匈奴血"一句。葛云飞对岳飞的心情是崇敬的，他想成为岳飞那样一个尽忠报国的好男儿。早年在家乡读书的时候，他就非常崇拜岳飞，看到岳飞"文臣不爱财，武将不惜死"这一句话时，他由衷地佩服岳飞这种大担当、舍小家为大家的精神。现在葛云飞已经是一地的重要军事将领了，当年的那些志向现在正在一步步地实现，他当然更加地景仰岳飞了，因为他和岳飞、他和自己的梦想只有一步之遥。葛云飞只要坚守自己的理想毫不动摇，就一定能实现。在他年已半百时，面对自己新近打造的两口宝刀，心中的理想又再一次燃起了熊熊烈火。接着他写道，"有时上马杀贼贼胆裂，灭此朝食气烈烈"，这一句豪情万丈，足可见当年的葛云飞依旧宝刀未老。"灭此朝食"说的是春秋时期，齐国与晋国在鞌这个地方打了一场大仗。齐国当时的军队锐不可当，根本没有把晋国的军队放在眼里，齐国国君对他的将士说，晋国根本不堪一击，我们一定要一鼓作气，把晋国的军队打败了，再吃早饭。这是一种蔑视敌人的勇气和战胜敌人的决心。葛云飞在这首诗中，运用了这个典故，正是表明在他的心中，任何的敌人都是可以战胜的，并且是应该战胜的，因为葛云飞作战是为了保家卫国，是为了保证普通百姓们的安定生活，是为了国家不受外来的侵略。正是怀着一颗上报国家、下安黎民的心，葛云飞才有这样的豪情壮志，才敢说出这样气吞山河的壮语。这首诗，完全可以反映出此时葛云飞的心中所想。

谁知道没过多长时间，春风得意、一帆风顺的葛云飞遇到了他人生中最大的一次打击。1839年，葛云飞五十岁。正月，家中突然传来噩耗，葛云飞的父亲在家中去世了。这位对葛云飞人格的塑造有重要意义的亲人去世了。葛云飞失声痛哭，几次昏厥在地。被属下救醒的葛云飞，整日痛哭，水米不进。同城的大小同僚们都来劝他，他哭着说："记得我去年来瑞安，先父送我出来，再三叮嘱我说，'男儿志在四方，既然以身许国，就不要再挂念家中，不要总想着家里的父母。应该为国家尽忠。'现在，先父的遗言犹然在耳，但先父却已经撒下我而离去了，想来更觉得心痛。"葛云飞言语哽咽，同僚们听了也不住地叹息。当时，浙江水师的事务，全都要仰仗葛云飞来操持办理。现在葛云飞因为家中父亲去世，要回家守丧，不得不

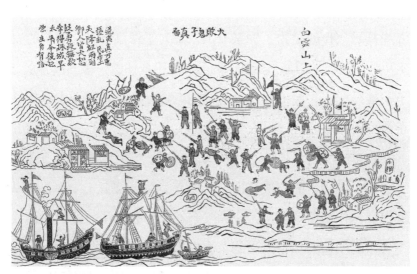

第二次鸦片战争宣传画

离开水师的职位。全省上下官员都非常惋惜，可是也不便挽留，于是便向葛云飞询问水师的操练，以及浙江海域的布防和军中的其他事宜。葛云飞见事情重大，一时也无法向众人交代清楚，便写了治理海域的"七十八条"。对于怎样治理，怎样预防，怎样缉捕、操练等一系列的军事工作，都做了条分缕析的说明。最后，他写道："近年来，海上盗贼十分猖獗。但是海贼的组织没有系统，他们随时聚散，如果官军缉捕得力，是可以轻松剿灭的。海洋这样广邈，如果对海上的事务不熟悉，则茫茫大海很难找寻海贼的踪迹，更别说去剿杀他们了。所以剿杀盗贼的首要任务则是熟悉海域。治理水军最重要的莫过于赏罚分明，作为水军将领一定要做到赏功惩过，有功劳的一定要嘉奖，有过错的一定要责罚，这样才能树立将领的权威，这样才能使军士们服从命令，这样自己的军令才能很顺利地贯彻执行，才不至于贻误战机，或者是出现奸盗的行为。对于自己统领的官兵，将领一定要知道他们的真实情况，和他们同甘共苦，一定不能搞特殊化，因为将领一旦搞特殊化，军官们就会模仿，虽然每一层军官的职权不一样，但他们都会利用自己的职务之便而谋取利益，这样整个军队的纪律就会非常涣散，那就再弱小的海贼也无法缉捕了。"葛云飞说："我亲身经历水师已经十五年了，我对水师的情形还算是清楚明白。如果按照我所说的去做，不敢说一定会有成效，但也不至于耽误水师的工作。各位将领能自己去琢磨行军用兵的道理，我想海贼的缉捕、海域的肃清，并不会成为什么难事的。"当时，葛云飞的上书呈到总督、巡抚手中时，全省的官员看了都非常钦佩葛云飞，不但是佩服他治军有方，更重要的是钦佩他一丝不苟，全心全意为国家服务、为百姓谋利的无私精神。葛云飞又写了一封亲笔书信给总督，他十分有远见地注意到了西洋人的蠢蠢欲动，他说："水师缉捕海贼，虽然是现下的当务之急。但这只要水师用人得当，将士们听从指挥，也还是可以收到良好效果的。而我担心的不是这个。我去年在给总督您上书时说过，朝廷在广东虎门销毁鸦片，这势必会影响到洋人的利益。洋人一定会在我国寻找新的突破口来牟取暴利。去年洋人突然出现在浙江海域，这是一个不容忽视的信号，洋人很可能会在这儿寻衅滋事。这段时间，时时得到传言说洋人在广东海域滋扰，而浙江福建的水域又是完全相连的，我担心当季风风向一转，洋人乘风而上，那么浙江海域就十分危险了。洋人的性格非常奸诈，我以往出海巡察，想到洋人坚船利炮来侵扰我省，我非常地担心。虽然现在洋人对于我国的天威尚且有所顾虑，还不敢贸然地进犯我国，但我水师并没有必胜的把握，我担心这样会让洋人看低我们，从而渐渐失去威慑敌人的优势。我写这封信，只是想提醒总督您要留心防范，小心驶得万年船。早做准备，也不至于到了有事的时候，惊慌失措，不知如何应对。只要我们准备充分，到时候就能稳定军心人心，那时与洋人交战才有胜算。"葛云飞在信的末尾不无忧虑地写道："我葛云飞深受国家的重恩，心中所想，不敢不完全表达，不敢对国家、有半点隐瞒，以至于酿成大祸。"葛云飞已经意识到了洋人的狼子野心，同时也感到当局对于形势的不明，才反复强调自己的一片真心。果然，当时清朝的统治者，都认为葛云飞是在耸人听闻，认为事情不会发展到这样不可收拾的局面。所以，即便是在后来英国已经发动侵略时，他们还在犹豫到底是战是和。中国太缺乏葛云飞这样有胆有识的官员了。

葛云飞终于回到家中，多年官场生涯之后有了一个休息的机会。他到家后，为了父亲的丧事而奔波。葛云飞一直对地理非常感兴趣，守丧期间搜集了历代地理堪舆的书籍，选择自己认为正确而实用的部分，汇编成一本《宅兆真旨》，对于那些谬误不堪，又语涉玄怪的则批驳辩证，作《刊误》一书，一共六卷。而父亲坟茔的选址建造的事务自然也落在葛云飞的肩上。他为了给父亲选择一块好的墓地，每日上山下水。就是在严寒中，也常常登上绝壁，有时还要攀岩而上。家人看到他以半百的年纪还这样辛苦劳累，都请他乘舆坐轿，但都被葛云飞一口回绝。葛云飞说："凡是和父亲有关的事情，自己就应该亲力亲为，不可以有丝毫的懈怠之心，这样才算是一个为人子对于父亲的尊敬与爱戴。如果为了自己的安逸而不能做到尽职尽责，那么自己的心也会不安宁的。"葛云飞的子侄们听到这样的话，无不羞愧赧然。葛云飞就是这样言传身教，不敢有半点懈怠。

按照清朝制度，官员丁忧回家，是没有俸禄发放的。此时的葛家，人口众多，渐渐不能维持生活了。葛云飞的母亲，张太夫人命令葛家分家。葛云飞非常痛心，想到父亲刚刚去世，家中的兄弟们便要分家。葛云飞向母亲禀告说不愿意看到葛家分家。张太夫人对葛云飞说："现在我们家是非常时期，不比以前殷实的时候了。如果兄弟还住在一起，则互相观望，谁也不肯多出力来为家里办事。如果把家分了，兄弟们各自为政，那么他们便会尽心尽力地去谋生活，这样或许葛家还能渡过这场危机。"葛云飞听了母亲的这番话，才答应和兄弟们分家。当时葛家的旧居十分狭小，也非常破败了。如果作为公家资产分给众兄弟，每家所得必定非常少。葛家虽然两代人出外做官，但都是廉洁奉公的清官，并没有什么积蓄。葛云飞当时想筹钱建一栋新楼，或者是买下邻近的房子作为葛家的产业，可是手中并没有这笔钱。葛云飞只得凭借着自己以往的声誉向邻里好友借了些钱，新建了两座宅院。他把新建的分给兄弟居住，自己仍然住在老宅中。就这样，葛云飞开始了自己最后短暂的居家生活。谁也没有想到，一场中国几千年未有的变局正在悄悄地形成。

英国污蔑中国的第二次鸦片战争宣传画

三、四镇虫沙集，三军猿鹤哀

鸦片，这个在中国近代流毒甚广的恶魔，是通过中英贸易被带入中国的。中国几千年来的封建社会和自给自足的生产方式，使得中国在两千年大部分时间里都对对外贸易没有太大兴趣，他们并不仰仗外国的物产，便能很满足地生活在这片富足的土地上。所以当西洋人带着极大的热情打开中国的大门时，发现他们的商品很难融入中国人的生活中去。每年大把的银子倒是源源不断地流向中国。以资本积累为目的的英国人想到了一样可以吸走中国金银的东西——鸦片。而一场影响中国甚至世界历史发展进程的战争也由鸦片引发，中国的历史学家习惯称其为——鸦片战争。

道光年间，鸦片已经在中国流传了近百年。鸦片使得人们毫无斗志，整日懒懒散散。鸦片这东西极易上瘾，沾染上了还就戒不掉了。当时，中国人上至王公贵戚，下到普通民众，沾染鸦片的人还真不少。中国大地到处都是瘾君子。大清朝危在旦夕。更让统治者担心的是，每年要流失六百万两白银。长此以往，国将不国。道光皇帝决心禁鸦片。他派林则徐为钦差大臣，兼任两广总督，前往广东销毁鸦片。林则徐不负百姓期望，将英国商人所存的两万余箱鸦片全部当众在虎门销毁。林则徐的销烟引起了大清国有志之士的一致认可，同时也触犯了英国商人的利益。他们决定对清朝实施报复。

1840年，英国"窝拉疑"号舰长宣布封锁广州口岸与珠江口。英国政府任命懿律和义律为正副全权代表，懿律为英军总司令。懿律率领的舰船四十余艘及士兵四千人的机动舰队从印度出发到达中国海面，标志着第一次鸦片战争正式开始。

英国尽管拥有当时世界上最先进的铁甲战舰，在中国珠江口耀武扬威、肆无忌惮，封锁中国的口岸，禁止中国和国外进行贸易往来，但是面对着林则徐所率领的两广官兵的严防死守，还是不敢贸然地对广州城发动进攻。气急败坏的英国侵略者知道，面前这位两广总督是一条铁铮铮的汉子，在林则徐这儿绝对讨不了好。这位林总督，不顾国内外的巨大压力，硬是在虎门销毁了英国商人两万多箱的鸦片，害得英国商人损失了八百多万英镑。这口气如何能咽得下去。但是在广东却不能发动进攻，不然损失的还是英国。这些狡猾的英国军官盘算着如何才能对中国造成威胁。其实英国人也并不想和中国发动战争，不过是巨大的利益驱使着他们，寻求一个能够弥补损失的方法。面对着巨大的中国地图，军官们想出了一个好的方法逼迫中国皇帝俯首听命：放弃广州，直接沿海北上，到达天津大沽炮台，就可以威胁清朝皇帝了。中国的官员们都是些维护自己利益、毫无远见的伪君子，只要将英国的战舰开到天津，他们一定会吓得屁滚尿流。想到这里，他们都举起了酒杯，为即将到来的胜利而干杯了。

他们的猜想一点不错，当英国的军舰到达天津海面时，清朝的一位王公贵戚琦善简直被英国军舰吓破了胆，他向道光皇帝进言，夸大了英国军舰的威力，使得本来极力想和英国开战、不求苟安的道光皇帝也慌了神，赶忙派遣琦善奔赴广东主持议和的工作，并罢免了林则徐钦差大臣、两广总督的职务。当然这些都是后话。此时，英国的海军正渐渐逼近我们故事的发生地，浙江定海。而葛云飞此时正在老家丁忧服丧。

1840 年 7 月，英国人的军舰突然出现在了定海的海面。定海的官民都吃了一惊。谁都知道，朝廷在广东开始禁烟，英国人岂会善罢甘休。但是谁也没有想到，英国人会绕开广州，直接北上。看来定海的百姓免不了要生灵涂炭了。不少富庶的人家，开始准备要逃亡了，在家中收拾值钱的物件儿。普通的百姓也都纷纷向城外逃散。英国人虽然来到定海海面，但是一连几天都没有动静。大家又都以为英国人不过是在这里示威，要真打定海，恐怕还没有这个胆量。于是，一些胆大的又都慢慢回到城中，又过上了一成不变的日子。

英国人也真奇怪，在定海海面停留了好几天，弄得定海的

中俄签订《天津条约》

官员们不知道如何处理。要提出备战吧，又怕同僚百姓说自己沉不住气，不备战吧，心里总是惴惴不安。不过这种难受的日子一晃就过去了。7月5日，英国人突然对定海发动进攻。四百余名英国军人，手持长枪登陆，开始攻打定海。可恨定海的官员没有认真布防，英国人竟然在不到一小时的极短时间内就攻占了定海。定海宣告失守。当时的浙江巡抚乌尔恭额听到消息，立刻飞驰至镇海，会同浙江水师提督，准备督战。那些在平时夸夸其谈，吹嘘自己英勇善战的军官们此时傻眼了，大气也不敢出，生怕上司命令自己出战。偌大一个议事厅，几十号人聚集在一起，商量怎样击退英国侵略者，本来应该是群情激奋的场面，现在都冷下来，只听得文员们不住地长吁短叹。乌尔恭额看着满堂的官员，竟无一人肯为国家出力，竟无一人可为国家出力，不觉心里凉了半截，寻思道：自己的官位不保尚且是小事，只是这满城百姓难免遭受劫难，大好的江山社稷恐怕就会在这满屋的沉默中轰然倒塌。忽然，他想到了葛云飞在离职前给他写的《水师缉捕管见》，以及后来送来的葛云飞的亲笔书信。信中早已写明浙江的海域一定要防范英军的入侵。只可惜当时自己智术短浅，没能预想到今天英军的突然进攻，要不然以水陆官兵，又何惧英国数百侵略者。乌尔恭额气得不住地拍着案桌。他想要骂面前的这些官员，可又骂不出口。忽然，他心里咯噔一下，"何不请葛云飞复起，让他来主持浙江的水师，一定能够击退英国的侵略者，还百姓一个明朗的天"，想到这里，他脸上终于恢复了平静，似乎胸有成竹地说："既然你们都不能退敌，看来只好请葛云飞将军回来主持，才能对付英军啊。"乌尔恭额话音未落，屋内倒有一半的人开始附和，"大人说得是，只要请来葛将军，何愁英国人不退"，"是啊，我们都听从葛将军的调遣"。听得大家这样说，乌尔恭额立即命人写好书信，并令自己的亲信亲自送信，他又怕葛云飞守制在身，不肯前来应命，还特意嘱咐说："这一次非同小可，不但本巡抚的性命在你手中，就是全城百姓，浙江的安危都在你的手中。这次去葛将军那儿，好说歹说，一定要将他请过来。你要是请不动他，回来军法从事，我一定重重地责罚你，绝不姑息。"信使听了巡抚大人这样说，连连保证。乌尔恭额又命人写了一篇奏章，将定海战役的情形详细写明，命快马直送京城。他想皇上应该要知道定海的情况，以便引起朝廷的重视。英国人的这次进攻一定是蓄谋已久的，不可麻痹大意了。

当日，两封书信都送出城去了。乌尔恭额坐在书斋中，呆呆地望着桌上的烛光，心情十分沉重。他在想自己的命运，定海的命运和中国的命运。

从镇海到葛云飞老家，就算是快马加鞭，也得走四五天。信使知道自己的责任重大，在路上不敢有半点的疏忽。到葛云飞家中，已经是几天后早上了。这时，葛云飞正带领着子侄在田间劳作，一派农忙的欣慰正洋溢在葛云飞的脸上。他不知道面前这位急匆匆的差人手中拿着的是一份怎样沉甸甸的求救信。

第二次鸦片战争中的战斗

他一边招呼着信使，一边指挥子侄们。见到信使一脸心急的表情，葛云飞似乎也意识到了事情的严重，也顾不得接待的礼节，就在田埂上和他说话。信使递过书信，葛云飞看了脸色大变，一下子像凝聚了漫天的乌云。子侄们素来敬畏这位长辈，见到葛云飞脸色这样难看，更加是惴惴不安。葛云飞将信拿给他儿子，"以简，你看一看"。葛云飞的大儿子葛以简接过书信，仔细看了一遍，信的内容大概是：现在国家多难之时，国家正在用人之际，而那些具有大智大勇的将领世所罕见。葛将军您正是具有大智大勇的将军。您受国恩深重。如今国家遭到英国人的侵略，定海片刻便被英军攻占。我们浙江大小同僚，以及浙江水师都迫切地希望您能出来主持大局。您应该效仿古代那些墨经从军的贤人，不要为了自己的小节而违背了为国家尽忠的大节。弟在此期盼兄长的大驾到来，我们携手御敌，一定要将英军拒于国门之外，收复定海，上报国恩，下安百姓。这才是一个大将应该建立的功业，这才能名垂青史。葛云飞看了信后，心情久久不能平静。想到自己常年生活的定海，在英军的蹂躏下成了怎样的一种悲惨景象。他想到多年和自己一起并肩作战的将士们，现在是生是死尚未可知。葛云飞望着东边的天空，发出了几声低沉的吼声，声音不大，却充满了对侵略者的不满与愤恨，对百姓流离失所的悲痛，对定海官兵不能守住定海的责备。他恨恨地说："英国人猖獗，一至于此！但是定海的官兵不能固守定海，临事不能当机立断，以至于定海失守，他们也有不能推卸的责任。"信使劝葛云飞尽快成行，葛云飞没有立即表态，他说要回家禀明母亲再作定夺。在封建社会，如果官员在守丧期间还出来为官，会被视为不孝，就算政绩昭著，终究要被人认为是孝道有亏，留下骂名。所以葛云飞坚持一定要听从母亲的意见。

张太夫人的态度却是十分明确的，她不但同意葛云飞立刻出发，还鼓励他应该忘掉小家而顾全大家。张太夫人说："古人说就算是居丧在家，遇到有兵事，也是不回避而立即就任的。你现在跟随巡抚大人掌管水师，并不是朝廷的意思，也不算是居丧复出而不守孝道。你祖孙几代人都是军官出身，你应该挺身而出，上阵杀敌。你去吧，到最需要你的地方去，去和外敌战斗。在外不要以我为念，好男儿志在疆场，不要总是念着家中的老母。你父亲生前说过，只要你能为国尽忠，成为国家的忠臣，同时也就是我葛家的孝子。你去吧！"葛云飞虽然是一个孝顺父母的孝子，但是面对英国人这样欺凌国家和百姓，也按捺不住内心的激愤，恨不得立即奔赴战场部署战斗。他听到母亲这样深明大义，心中十分激动，但也对母亲十分不舍。他一面吩咐家人准备行装，一面又嘱咐大家一定要照顾好张太夫人。安排完家中所有事务，他带了几名随从和信使一块儿离开家乡奔赴定海前线转述。后来乌尔恭额听到信使转述张太夫人这几句嘱咐的话，感慨道："张太夫人真是有贤德的，只有这样的母亲，才能生出这样的儿子。就算在历史中去找像葛母这样的贤明的母亲，也是不可多得啊！"

葛云飞到达镇海后发现此时的镇海情势十分危急。镇海关上军士不满千人，更没有军事器械，根本无法御敌。此时镇海的官兵都是人心浮动，没有死守的决心。并且一些奸猾之徒，趁着战乱，在城中肆无忌惮地劫掠，这使得本来就千疮百孔的镇海显得更加混乱不堪。官军不但要备敌，还要分散兵力去缉捕盗贼。葛云飞看到这样一个烂摊子，他想一定要下大功夫整顿一番，否则绝不可能抵御英军的进攻。葛云飞的到来倒是大大地激励了镇海的官民。镇海的官吏们见到葛云飞到来，都出城来迎接他。葛云飞此时就像是他们救命的稻草，一见到葛云飞，这十几天来所受的委屈与气愤都一下子迸发出来，大家都抑制不住地失声痛哭。乌尔恭额询问葛云飞计将安出。葛云飞说："以目前的形势，只能先求守住镇海，再徐图收复失地。"葛云飞命令所有镇海城内的官兵尽皆出城，从军士中挑选出身强力壮的，命令他们镇守在镇海城外的招宝、金鸡两山之间，既截断英军进攻的要道，又与镇海城成掎角之势，用以固守镇海。同时命令将巨炮运抵此处，形成一个牢固的封锁线。在沿海各处，只要是英国军舰能够停泊、英国士兵能够登陆的地方，也都调集了火炮镇守。经过了葛云飞的精心部署，镇海的守备形势渐渐地有了改变，这样就能严防英国军人偷偷地登陆抢攻。

葛云飞在部署海上防御的同时，还在镇海的甬江两旁筑起了长长的城墙来防止英军的入侵。说起甬江，她是镇海的母亲河，千百年来养育着镇海的万千子民。今天又要依靠甬江的地势来阻挡敌人。葛云飞筑起的城墙长千余米，一人多高，官兵可以躲在墙后隐藏起来。城墙每隔三尺便设有一个小孔，从小孔中可以看到城墙外的情况，并且可以将火炮等武器从小孔中伸出，隐蔽地打击敌人。葛云飞还命人在甬江入海口和各处港口钉上密集的大木桩，用意是想借助大木桩来阻挡敌人军船的靠近。这项钉木桩的工作可是非常辛苦与危险的，要在海潮涌动的水面上打下木桩，非常困难。但是阖城的官兵百姓想到这样一来，英国侵略者就不能再兴风作浪了，大家也都干劲十足，什么困难都想办法克服。就这样安排了三天，基本的守备工作都已经就绪了。大家看到葛将军回来带领军民抗敌，和万千士兵一起同甘共苦，都像有了主心骨，心里踏实多了。不像前些日子那样只想着怎样自己保命，而是万众一心共同御敌了。葛云飞看到自己的布置能够顺利而有效地运行，自己心里也非常满意，想到自己面临着这样的大事、难事，一定不能辜负百姓的期望，也不能辜负了母亲临别时的一番谆谆教诲，更不能辜负了父亲当年的告诫。想到此处，葛云飞心中又升起了一团热火，将他复出前所有的疑虑都烧得干干净净。葛云飞望着东面的海域，心中盘算着怎样在海上御敌。他眉头紧锁着，若有所思地望着远方比画，同僚们知道此时葛将军正在制定退敌的计划，大家谁也不敢出声，生怕一个粗重的呼吸都会打断葛云飞的心绪。大家都静静地等待，仿佛抗敌成败也系于此一举。葛云飞沉默良久，海风正呼啸着吹来，咸咸的，略带一丝海的腥味。只见葛云飞的须髯微微随风飘动，葛云飞的朝珠在风中也发出清脆的碰撞声。葛云飞似乎都没有觉察到。忽然，葛云飞向左右打了个手势，命令道："走，我们回城去。"原来，就在这顷刻之间，葛云飞已经酝酿好了退敌的计策。他回到公署衙门，挥笔写了一篇《灭夷十二策》，从多个方面详细论述了当前的形势和必须采取的措施。乌尔恭额见到之后大加赞赏，命人立即按照葛云飞的意见执行。退敌计策的出台，让众人的心中就更踏实了，大家都像吃了颗定心丸。一个个都说要是葛将军早点回来，我们也不至于这么狼狈，定海也不会失守。想到这里，大家又是欣慰，又是自责。

葛云飞墨绖从军，大家都非常感慨，闽浙两省的大员都纷纷上奏，请国家明令封赏葛云飞。闽浙总督邓廷桢向中央上奏说："现在东南的战事非常紧张，不是能员干将绝不能胜任这项工作。依臣看只有葛云飞才能担此大任。他现在虽然是在服丧期间，但是军国大事不容忽视。让他墨绖从军也符合古人的规矩。祈请皇帝陛下您能开恩，让葛云飞代理定海总兵一职。一则稳定葛云飞的心，二则使葛云飞能从容调度，没有掣肘之忧。"不久，朝廷降下明诏，令葛云飞署理定海总兵一职。自此，葛云飞正式复起，开始了他第二次为国家鞠躬尽瘁的军旅生涯。

朝廷派遣前钦差大臣、协办大学士、两江总督伊里布来浙江督战。这时的定海，有大半的官兵都逃散至各处。葛云飞向伊里布说："现在正值非常时期，不能用平常的军法来惩罚逃难的士兵。依卑职的意思，应该招募原来的定海镇官兵，官方向他们承诺不再追究他们逃离职守的罪责。因为他们就在定海任上，非常熟悉定海海域的情形以及当地的民俗民风，他们大多也都是定海百姓出身，这对于抗击英军，拉拢城中百姓都是有百利而无一害的。只是前任的定海总兵军纪松弛，才导致定海水师的战斗力极其低下。卑职愿意严加管束，恢复以往定海镇官兵的士气。"伊里布听了，觉得非常在理，当即发布了招募的命令，并且许诺绝不追究他们逃散的罪责。招募令颁布了三天，定海镇的官兵就基本都回来了，兵额一下便满了。伊里布非常满意。葛云飞登上将台对官兵们宣布新的定海镇的军纪，并下令让官兵们自己熟悉恢复以往的操练，设下十天的期限，十天之后，葛云飞要来军中视察，要考校将士们的军事素质。葛云飞三令五申说他一定会按照军法从事，绝不姑息那些偷懒的将士。十天之期眨眼便过去了。葛云飞来到校场校阅士兵。有三百余人的考核没有通过。葛云飞二话不说，直接命令对这些不通过者施以鞭刑。几十鞭下去，一个个都是血肉模糊，痛叫之声不绝于耳。一下子整个军营整肃，不敢再有喧哗的声音。此时，葛云飞又重新宣布的将令，众将士都竖起耳朵认真地听着，只怕有哪一句没有听见，自己不小心触犯了，皮开肉绽是小，丢了性命都有可能。就这一次校阅，定海的官兵像忽然觉醒，恢复了往日战斗力。

七月间，英军中有位叫安突得的人，突然派人来求和。伊里布认为葛云飞的军营就在海边，离英国人的军营较近，便命令就在葛云飞的营中设立会面的场所，令文武官员都到营中与英国人相见。葛云飞听到消息后，立即起身要回避。众人问其故，葛云飞说："我葛云飞与英国人不共戴天，岂能坐在同一个帐中议事。况且我是一位军人，军人的职责就是战斗，我只知道和英军开战而已，至于议和就不是我的事了。"当时在座的文武官员都非常敬佩葛云飞的胆识和气魄，只是苦于上级的命令，都苦苦相劝。葛云飞持剑站在营帐的后面，并密令亲信分别盯住英军随从，一旦英国人说话有侮辱国家的言语，葛云飞便立即斩杀英国人于营中，而亲信则分别斩杀英军随从。在议和时，英国人言辞尚属柔和，而葛云飞自己非常痛心定海的失守，便不等议和会谈结束离开了中军大营，擒杀英军的事情也就作罢。

葛云飞打听到这位安突得是十分狡诈的人，善于出谋划策，英军中都将他视为军师，一切的指挥调度都出自安突得一人。安突得每到一处，便命人绘制地图，然后回军营研究，以制定侵略的政策。正是因为安突得一人的谋划，定海周边没少被英军侵犯。葛云飞心想，只要能擒住此人，何愁英军不破。只是此人生性狡诈，难以抓捕。葛云飞苦想一夜，认为只有趁其出来查看地形时，才能捕获。葛云飞密令亲兵数人或装扮成樵夫、或装扮成猎户、渔人在英军的军营周围打探。他又命令一小队士兵在英军军营后方假装施工，以引诱安突得出营调查。随即

英法联军洗劫圆明园

派遣大队人马埋伏在左右，一旦安突得出营，则截取安突得回营接应的后路，这样一鼓作气可擒得安突得。经过这样埋伏，安突得果然上当，出营来视察。葛云飞一声令下，左右士兵突然杀出，安突得魂飞魄散，只得束手就擒。葛云飞见擒住安突得，迅速退兵。等英军追出时，葛云飞等人早已退回到营中。英军见葛云飞营盘十分稳固，加之守备又十分森严，也都退兵，不敢强行攻打。这一仗，葛云飞大获全胜，极大地鼓舞了定海的将士。果然不出葛云飞所料，不久，英方便派人过来请求葛云飞归还安突得。葛云飞对伊里布说："现在英军虽然是占据了定海城，但一来英军对定海地形民风不熟，二来英军远涉重洋而来，一定不能在此久留。英方现在的情形一定是彷徨无措，进不能进，退不能退，进退维谷之时。英军若要继续北上攻打京畿地区，则我国会有重兵把守，英军并无必胜的信心。况且英军一旦离开定海北上，那定海一定会被我们夺得，而英军则失去了大本营，只能漂流海上，这是兵家的大忌。不但自己的供给不能到位，军士们也会因为久处海上而军心浮动，那样我们便能一举战胜他们了。以前我方不敢轻动的原因是守备不足，一旦攻打英军，后方必定空虚，万一一击不中，英军反扑过来，情势十分危险。现在因为两月来的部署，一切守备工作都基本完备了，正应趁此时机，给英军迎头痛击才是。我葛云飞虽然不才，也愿领一军人马杀退英军，以扬我天朝的神威，让英军再也不敢在此耀武扬威。"伊里布此时尚未有足够的信心收复定海，并没有听从葛云飞的建议，只是命人向英国人回话说，英方一定要退还定海，才会将安突得归还。只可惜伊里布还不能完全相信葛云飞的计策，后来又有探马回报说当时英国人失去了安突得，心情大乱，正好一举攻破英军。定海将士因为伊里布的犹豫而失去了一次绝佳的机会。

与英国人在海上作战，必须用到火炮，而定海的火炮数量有限，并且因为年久失修，精准度也不是很高。葛云飞与众人商议，决定重新铸造一些火炮用以御敌。伊里布命令由葛云飞总理此事。葛云飞走访了营中的铁匠，并询问了很多民间的铁匠，得知近年来因为铁器原料的问题，新近铸造的生铁并不如以往的铁器耐用，铁的质量也不甚好。葛云飞决定向城中寺庙借钟磬之类的铁器来铸造火炮。但当时的文员官员都认为此举会对佛菩萨不敬，大家都不同意此举。葛云飞也只得作罢。当时这个传闻就传到了英国人耳中。后来英国人占领了中国内陆，命令将占领地寺院里的钟磬搜刮一空，用以铸造兵器，并且笑谓人说这是某大人送给他们的礼物，要是当初听葛将军的话，这些东西又怎么会归他们所有呢？有识之士知道这个事情后，都扼腕痛惜。

经过这一次定海失陷，葛云飞知道只有治军严整，军士们才能有战斗力，才能和英军决战。而军纪严明也可使得军民一体，这对于抵抗侵略者是十分重要的。当时各省调来的兵丁都集中在定海军营之中，有数万之众。这些兵丁良莠不齐，各部

曾国藩

将领的将令又不是统一严明，所以经常发生一些骚扰百姓的事情。葛云飞为此也十分担忧。有一次，一伙士兵，因为抢劫百姓的牲口，和百姓发生口角乃至于出手伤人。百姓气愤不过上葛云飞这里来告状。虽然葛云飞严惩了那伙儿军兵，但是百姓终究怨气难消。葛云飞想像这样没有军纪，百姓不能配合官军作战，要驱逐英军终究是儿戏。葛云飞痛下决心，一定要严明军纪，要让士兵都知道违反军纪是一定要受到严厉处罚的。葛云飞在军营的门外都悬挂军旗，并下令说如有士兵无公事而出此旗之外的，一律斩首示众，绝不姑息。一些久在军营里混的兵油子，以为葛将军的军令只是吓唬人的摆设，又想到有法不责众的说法，就纠集了一些人无事生非，非得出门去集市中喝酒。到底是军威严整，最后只有几个人敢踏出军旗。葛云飞知晓此事，立即下令追捕，并斩首于军营之外。从此，军威大振，再不老实的军兵也不敢冒犯葛大人的军威了。伊里布见葛云飞治军有方，多加赞赏。后来又有一位军官，因为和浙江省某大员关系非同一般，常常自以为高人一等，可以随意地践踏军中纪律。本来也没有人能管得了他，但是遇见葛云飞这样铁面无私的总兵，也不得不接受军法的处置。当时浙江巡抚专程派人来说情，请求葛云飞能网开一面，让他悔过自新，将功赎罪。葛云飞断然地说道："我葛云飞蒙在危难之际受命治军御敌。在这个时候最重要的是能团结一心，共同抵御敌人。如果军中的军纪不严明，将士们就会有怨言，心中会觉得不公平。这样，军队就没有凝聚力。而如同一盘散沙的军队想要对抗强大的敌人，这是不可能的事情。既然大人将治军的重任交付我葛云飞。我葛云飞只好舍弃私情，坚守公义，做好我本职的工作。请大人不必再多言。"巡抚听了，也无可奈何，知道现在是生死存亡的关键时刻，也只好听葛云飞处理案件。巡抚对左右说："你们今后办事一定要小心谨慎。葛云飞将军是一位铁石心肠的硬汉子，你们要是犯了葛将军的军法，就是本巡抚也不能替你们说情的。"葛云飞治军如此严格，大家都畏若冰霜。有来向葛云飞禀告事情的，进到葛云飞帐中只敢低头向他禀明情况，不敢抬头稍稍看葛云飞一眼。当时定海有位官员李宗业进见葛云飞回来便对人说："大家都说葛将军发怒时，势若雷霆。依我看，就是葛将军平常面带微笑时，也是不怒自威，我是不敢直视的。每次见葛将军我都吓得毛发都竖起来了。"大家虽然都笑话李宗业，但也不敢直斥，因为他们见到葛云飞同样是胆战心惊。

　　随着时间一天天过去，一晃就到了冬天。这年的冬天十分寒冷。海风呼呼地吹，吹在人脸上如刀割一样疼。大家都议论着今年恐怕海水要给冻住。一般是士兵倒还好，冷了可以跺跺脚什么的。这天寒地冻的，可苦了那些军中值勤的卫士们。他们负责军营的守卫，必须坚守岗位，甚至目不转睛地盯着敌军的行动。看着这些年纪不大的小伙子在寒风中瑟瑟发抖，葛云飞心中也十分痛惜怜悯，可是战事在即，不能丝毫放松守备。葛云飞向伊里布建议给每位士兵发放一身御寒的棉衣裤。伊里布开始因为开销巨大而不愿意发放。葛云飞说："将士们日夜暴露在严寒之中，时刻守卫着海疆。军队的胜利靠什么？靠的正是这些将士们奋勇。现在天气这么寒冷，没有御寒的冬衣，士兵们恐怕都难以抵御，一个个病倒在军营中，还谈什么守备御敌。"伊里布觉得葛云飞说得有道理，就允许每人发放一套衣物。士兵们听说了，都说葛大人如此地关心他们，就算这棉衣没有发放，也都觉得像穿上了一样暖和。葛云飞家中因见天气十分寒冷，就寄来了御寒的衣服。葛云飞坚决不穿，说："士兵们都冒着严寒，站在风雪之中。我作为他们的主帅，应该和他们一样同甘共苦，不能搞特殊化。看着他们受冻，而我则穿着暖和的棉衣，我怎么能安心呢？"葛云飞就这样陪着军士们一起受冻。军中将士大受感动，抗敌的士气高涨。

军中的事务，葛云飞也是亲力亲为。每天午夜以后，葛云飞就要对营房挨个地查看。他出巡不带随从，孤身一人手持钢刀徒步行走。每每见到守卫特别勤恳的，第二天一定要赏赐食物来嘉奖，并且记录在自己的手册中，以备将来提拔。遇到那些偷懒玩忽职守的，第二日一定要严厉地批评，甚至要动用鞭刑。一军的士兵每当到了上午的校阅时都特别紧张，不知晚上值班时有什么过错被葛将军知晓，所以到了晚上值班，大家都格外认真，不敢出现丝毫的懈怠。等到葛云飞四点多回帐时，常常须发眉眼之间，已经结了厚厚的冰霜。更有甚者，衣袖处结的冰霜震动起来还会发出清脆的响声。葛云飞也不顾自己的劳累，抖一抖衣袖，拍拍须发便又开始工作。到东方发白的时候，一天的工作又真正开始了，各种公文纷至沓来。十分疲倦时，葛云飞就和衣在案台上支颐小睡一会。左右都说将军太过劳累了。葛云飞说："我如果不是这样尽心尽力地做好每一件事，总是感觉自己没有尽到职责，心中有所不安。"葛云飞治军就是这样的严谨。当时，英国人北上天津大沽口，给道光皇帝写了一封书信，信中不乏威胁的语句。道光皇帝一时恐惧，便派琦善赴广州议和。而朝廷命令各沿海省份的守御工作是以防守为主，绝不主动地出击敌人。所以葛云飞在此也是日夜守卫而已，虽然将士们都已经摩拳擦掌，迫不及待地想要与英军决一死战，但得不到朝廷的命令，也只能加紧守卫，严阵以待。

转眼就到了除夕之夜，葛云飞将各营将官都邀至帐中，一一慰问，并嘱咐军情。葛云飞说："今夜是除夕，我恐怕英军会趁我等过除夕的习俗而偷袭。你们各自回营，一定要做好防范工作，不得稍有懈怠。现在朝廷和英方虽然在广州议和，但是英国人奸诈狡猾，不可不防，以至于酿成大祸。"入夜后，葛云飞亲自佩戴两把宝刀，又带有双矛，手持长枪上马出巡，并带有二十骑，其中四人背着弓，十六人背着万余支箭，鱼贯而行。一直到天明方才回营。后来伊里布知道此事，感慨："葛云飞真可谓是鞠躬尽瘁，尽忠国事。要是国家有能多点像葛将军这样的人，何愁英国人不退。天下还有什么办不到的事吗？"

道光二十一年（1841 年），正月，事情似乎出现了转机，中华大地可以免于一场劫难。广州方面来信称与英军的议和达成协议。要求英方退还定海，而中方则将抓获的三十余人归还给英国人，其中包括葛云飞用计抓获的安突得。伊里布请葛云飞前去商议交割定海的事宜。葛云飞既然是定海镇的总兵，那么交割的事宜就需要葛云飞出面。伊里布要葛云飞亲自到英方军营谈判，并带上抓获的三十余人作为交换条件。葛云飞担心英国人狡诈成性，一旦不肯归还城池，自己又身陷敌阵，于事无补。他对伊里布说："不使英军有所大创，英军一定会轻视小看我们。既然轻视，如有利可图，就一定会再次前来冒犯天威。英国人十分狡诈，现在答应撤离，等我们将俘虏交还，他一定会退兵吗？如果他不肯退兵，则我身在敌营，退也不是，战也不是，完全受制于敌人。今日朝廷既然已经明令不能开战，则我等对英军宣战是为违背圣上旨意。请大人让我带领水路两军向敌营进发，屯军于营外。先要求他们退出定海，让我军进驻定海，再行交还俘虏，这样方可确保英军离开定海。如英军不肯离开定海，则在阵前斩首俘虏，再传令进军，和英军决一死战。到那个时候，并不是我们违背旨意，而是英军不肯根据议和的条件退还定海。我们师出有名，才能获得全胜。"伊里布非常赞成葛云飞的建议，并命寿春镇总兵王锡朋、处州镇总兵郑国鸿率领本部兵马前去助阵。葛云飞交代完毕，登上军舰誓师，率领三千水路官兵从镇海镇出海向定海镇进军。伊里布站在岸边遥相作揖，目送葛云飞北上。当时，朝廷另派有狼山镇总兵

恭亲王奕䜣

谢朝恩代葛云飞镇守镇海，葛云飞对谢朝恩说："此去定海交接，情况目前还是晦暗不明。英国人奸诈成性，如果他们退出定海，直接来攻打镇海，将军要好自为之。我率领官兵接管定海，如果全力来救，则定海空虚，如果分兵来救，则两边兵力都十分虚弱，希望谢将军能审时度势，把守好镇海镇。"说完拱手相别。

第二日清晨，葛云飞率领三千军兵来到定海镇。葛云飞布置好军兵，令各部据定海周边险要之地把守，截住英军进往内陆的通道，只留下英军退还海上的通道不设防。葛云飞命营中守备陆昌言去敌营传语，命英军立刻撤出定海。英方想先让葛云飞交还安突得等三十余人再行撤离。葛云飞闻讯传令各营严阵以待，并传话给英方，说："再宽限你们一个小时的时间，如果到时候还不能撤离，则将俘虏就地正法，并率军进攻定海。"葛云飞言辞十分强硬，不留半点后路。英方接到传语，又见葛云飞果真已经摆开架势准备进攻，只得勒令士兵退出定海城。葛云飞率领大军顺利进入定海城。从葛云飞来到定海到入城，不过短短两个小时时间。他率领的部队一路军容整肃，对百姓秋毫无犯。百姓见到葛云飞的军队进城，都十分高兴，纷纷出来犒赏军士。葛云飞命令将士不得接受百姓的任何财物。

英军占领定海的时候，有个叫杨阿三的汉奸，整日带着英国士兵在城中烧杀抢掠。凡是和杨阿三有仇的，他就指使英国士兵前去抢劫。他看哪家姑娘长得好看，就前去霸占，霸占不成的就拿英国人来吓唬他们，弄得整个定海天怒人怨。葛云飞进驻定海，为了安抚人心，首先就要拿杨阿三开刀。杨阿三本来就是无赖，以为葛云飞像其他官员一样好糊弄，拿出家里的一点金银想为自己开脱。葛云飞怒不可遏，斥骂杨阿三，立即将杨阿三当众就地正法，并且没收他的一切财产，分给众百姓。百姓一片欢呼。

就这样，葛云飞完成了定海的交接，开始第二次在定海总兵任上，维护浙江海域的安宁了。

李鸿章

四、旄头星讶飞何疾，马革尸悲裹得无

　　葛云飞再次接管定海，出任定海总兵，心情十分复杂。葛云飞想自己刚卸任那会儿，定海的防务工作正是蒸蒸日上，全镇的官兵都一心一意为国家恪尽职守。可是现在，整个定海城民不聊生，大家还都想着往外逃散。士兵虽然是从镇海带过来的，经过自己一段时间的训练，已经有了一定的战斗力，但是一想到英军先进的武器装备和那耀武扬威的神情，葛云飞还是有深深的忧虑。近来他又得知英国人并未远离广州，还是继续在那里寻衅滋事。听说朝廷最近又要和英国人开战了。去年道光皇帝派遣琦善赴广州与英国人谈判，琦善是个胆小怕事的，只想与英国人签订协议，赶快完事儿。至于协议的内容是什么，琦善一点不关心。以至于中英两方签订了《穿鼻条约》，中国割让香港岛给英国，并且赔偿英国的军务、商人损失600万两白银，而英国只需交还定海即可。琦善以为自己立了大功，退去了英国侵略者，还等着皇帝给他的封赏。没想到，道光皇帝还算有点血性，见到这样丧权辱国的条约勃然大怒，怒斥琦善卖国误国，当时就下诏免了琦善的钦差大臣职务，交付大理寺严加审讯。道光皇帝怒火兀自未消，又宣布要同英国开战。这一切都在葛云飞的意料之中。葛云飞知道英国的狮子口大开，一定会提出许多非分的要求。而当时的朝廷是以世界的中心自居，一定不会允许这样有辱国格的耻辱。所以葛云飞在接管了定海之后，就开始布置防务工作。定海城墙在英国人占领时遭到了一定的损毁，守城的工具也极其匮乏。葛云飞首先要做的就是将城垣修复好，然后命人多制造守备工具。道光皇帝最终下定决心，要和英国侵略者斗争到底。他撤下了伊里布，认为伊里布办事不力，有辱天朝国威，任命江苏巡抚裕谦为钦差大臣，来浙江督办军务，准备战斗，同时还派了他的皇侄靖逆将军奕山前往广东率军抗击英军。当时的中国官员乃至皇帝仍然认为归顺大清的是顺民，而不归顺大清的就是逆民，英国侵略者胆敢犯我天朝神威，自然是属于逆民一类，所以剿灭逆民要封奕山为靖逆将军。道光皇帝不知道世界早已发生了翻天覆地的变化，英国这个新兴的海上霸国早已视寰球为囊中之物。中国人用落后的眼光看世界，又怎么能不败呢？

葛云飞向裕谦请命，要加强定海的防务。裕谦当然十分应允。裕谦想，伊里布从英国人手中夺回定海，尚且被革职查问，而我如果不做好防务，被英国又夺了回去，岂不是性命不保。他听到葛云飞的请求，十分配合地就将任务分配下去。而王锡朋、郑国鸿两位别镇总兵也率领着自己所属兵士帮助葛云飞修筑城墙，制造守城器械。

定海城坐落于今天舟山岛上，定海的地形，三面环山，一面向海。城向海而建，城后是晓峰山，常年草木丰茂，是定海城的天然屏障。山后即是大海，山崖绝壁而立。定海城就在山麓上，依山而建。城左边为竹山门，右边是摘箬山，两山如定海城的门户，只留出城前方的空地延伸至大海。城墙前边一带地势平坦，至海约五里，是英军进攻定海最便捷的通道，同时也是没有掩蔽的一条通道。这一带没有可供利用的屏障，拦截英军将会十分困难。葛云飞带着三五个随从，纵马驰出定海城，往城外一带查看地形。葛云飞心中踟蹰，"定海城前方无险可守，如果英军真的从这里来进攻，如何才能御敌呢？"葛云飞想到了在镇海甬江边筑城守御的方案。虽然临时筑起一道长城要耗费大量的人力物力，但也是十分有效的方法。至少敌人不能直接突破防线，我方也能组织有效的抵御，同时也可以作为定海城防御的第一条防线，使得定海城不会在第一时间暴露在敌人的炮火之下，给定海城留足准备的时间。另外从城左右也可作包抄之势。想到这里，葛云飞心情大振，立即回城指挥军士开始建筑城墙。从竹山门到摘箬山一共筑城五里，在城上遍列大炮，作为定海防御的第一道门户。在后来的战役中，葛云飞的这一准备被证明是非常正确的，士兵们在这道土城上抵御了英军一次又一次的进攻。葛云飞想，从定海城到海边一共五里路程，城墙可以离海稍近，在此就直接阻挡英军登陆，不然战火蔓延到岛上。定海城前边的布防结束，葛云飞的目光又集中在城后的晓峰山上。晓峰山虽然不算太高，但是要登上也属不易。晓峰山的山道非常陡峭，英军想要从晓峰山进攻，本身就十分困难，但是晓峰山不能不守，一旦英军铤而走险从晓峰山入侵，那便会腹背受敌，这样最不利守备。葛云飞命人在晓峰山山顶也架设了大炮，断绝敌人走晓峰山的企图。这几门大炮要运上晓峰山可是不容易，定海的军民一起努力，终于将数门大炮架设完毕。葛云飞看着这些为国出力的军民，大受感动。想到不久就会有一场恶战在此打响，他只想在战事结束之后，百姓能够过上幸福安宁的日子。竹山门外的小竹山，与竹山门隔海相望，中间是条水道。两山虽然相距不远，但是其间的水道非常深，足够开进英军的军舰。而这条水道又是英军从海上来定海的必经之路，葛云飞想此处一定还重点设防。葛云飞勘察江面，发现水面大概只有几十米宽，不如直接在此设障碍物拦截，就如同甬江一样，打木桩在江底，来阻隔英军的大船。这是一个非常有效的办法，英国军舰到此被木桩阻隔，便不能下船登陆了。将定海本岛布置完毕，葛云飞还在与定海相距五里的五奎山上设有炮台，并在吉祥门、大渠门、毛港、虎头颈等海岛上都设有炮台，相互之间成犄角之势，一方有难，可数方支援。葛云飞的所有布置都已经制定好方案，现在只等批准在竹山门水面设险了。可谁知在这关键时刻出了问题。当时有迷信的人对巡抚说，今年东南方太岁与巡抚的命相克，不宜大兴土木。巡抚不好说是和自己的命相克，只得推诿说是费用太多，承担不起。葛云飞请求用自己三年的俸禄来支持工程，巡抚说就算葛云飞不动用公家财物，但是你硬要修建工事，这就是和我过不去，你要违抗命令吗？巡抚终究只是不允许。结果水中的防御设施没有建设。葛云飞义愤填膺，自己精心设计的防御方案就这样功亏一篑。

虽然在水中阻截英军的计划没有能够实行，但是建筑土城的工程正紧锣密鼓地展开了。葛云飞虽然身为一镇总兵，但是这种辛苦的工作，他总是和士兵们同甘共苦，绝不允许自己享受着安逸，而让士兵们辛劳。一次葛云飞正在工地上帮忙，新任的钦差大臣裕谦来了。葛云飞作为一名刚正不阿、办事认真的高级将领，背后有许多的流言蜚语在诋毁他。这位裕谦大人也听了不少关于葛云飞的坏话，说他太不近人情，对下属十分刻薄。这使得裕谦对葛云飞素无好感，他要亲自看看葛云飞平时的工作到底如何。这一次他并没有和葛云飞打声招呼，就直接过来视察工作了。当他见到葛云飞的时候，吃惊不小。只见葛云飞并没有穿总兵大人的官服，也没有带随从，而是用青色布巾包裹着头发，身穿短衣窄袖，脚下穿着一双用蒿草编制的草鞋，正在太阳下和手下官兵一块干活。当时是四月天气，海边不时有海风吹来，还算得上是比较凉快的。但见葛云飞时不时地用毛巾擦汗，显然是干活非常辛苦。裕谦看在眼里，也不说话，也不叫随从上前招呼葛云飞。他稍稍眯着两眼，一手捻着小胡子，微微地点了点头。动作细微得连周围的随从官员都

张之洞

没有察觉到。旁边一位素来和葛云飞不和的官员，见裕谦没有说话，只道是裕谦心中不悦，赶忙见风使舵，不失时机地说："葛云飞素来不重官威，大人您看，葛云飞身为堂堂一镇总兵，竟然和走卒在一起劳作，还穿上这等没有官仪的衣服，真是有辱我大清的威仪。"裕谦斜着眼睛望了他一眼，依然没有说话，只说到别处去看看，过后再来召见葛云飞。那位诋毁葛云飞的官员还以为自己说中裕谦的心事了，脸上的表情显得十分得意，跟着裕谦，还不时向左右取笑葛云飞。葛云飞可没有察觉不远处裕谦正在看他，更没有想到就这一小会儿，已经有人说他的谗言了。葛云飞依旧忙着防御的工程，一会儿查看施工的图样，一会儿指挥将士们搬砖运石，一会儿又登高查看地形，十分忙碌。到中午了，辛苦了一上午的葛云飞也顾不上回定海总兵的公署吃饭，就让军中置办了菜肴摆在军中营帐中，和将士们一块吃饭。葛云飞一边吃饭，一边还要给将士们讲解这道防御墙的作用，以及怎样用来御敌，怎样阻隔敌人。葛云飞想在不经意间让定海的士兵都知道这个防御工事的作用，以便战事突然来到时，也不会手忙脚乱地来不及做准备。功夫花在平时，总比临阵磨枪要好。葛云飞认真地讲着，将士们也认真地听，有的思维灵活的军士还会从英军的角度来思考，如果是英军进攻，将会从哪几个方面突破。葛云飞对有些问题做详细的解释，还用碗筷当成城墙比画，有的问题葛云飞却不说话，只让兵士们自己去思考，这样能让军士们面对实际问题时自己灵活运用，不必事事请示而耽误战机。葛云飞就是这样利用着每一分每一秒锻炼和培养士兵，同时也是为定海的防御做充分的准备。葛云飞正和将士们说着话，裕谦这时候进来了。将士们一看是钦差大人来了，都赶忙悄悄退了出来。葛云飞也起身迎接裕谦。

裕谦一面让葛云飞起来回话，一面非常严厉地对葛云飞说："葛总兵，久闻大名啊！你今天在防御工事上辛苦劳作，本督都看在眼里了。你也是一镇总兵，那些粗活也是总兵干的吗？"葛云飞说："禀大人，卑职虽然是一镇总兵，但同时也是军人。我能指挥下属，但也需要和军士们同甘共苦，这样才能上下一心。再说卑职在修建工事上亲力亲为，也能确保工事的万无一失。这是定海守卫的重要防线，绝不能掉以轻心。请大人明察。"裕谦略为点头，似乎是在褒许葛云飞的回答。随即又严厉地说："总兵的职位不算低了，总兵每年的俸禄银子难道只够你吃这些东西吗？"说着用手指了指案上的食物。原来葛云飞个人生活非常节俭，虽然朝廷的俸禄很多，但是葛云飞依然吃着粗茶淡饭。这一次，他的午饭只有一小筐煮熟的小米，外加一碟干咸菜和一碗芥菜汤，和普通的士兵吃得差不多。裕谦说："你身为一镇总兵，职务不低，守卫定海的任务更重。更加每日修筑工事，在外劳作。吃这么一些东西怎么够？"葛云飞答道："卑职并非有意节省。粗茶淡饭本来就是卑职一直以来的习惯。况且现在时时有英军的威胁，就算是摆满一桌上好的菜肴，卑职也觉得食不甘味。总兵的俸禄虽然优厚，但怎奈卑职家中人口众多。卑职已经习惯这样的饭食，吃起来也不觉得有多么的简陋，还请大人明鉴。"裕谦通过这次暗访，对葛云飞的个性有了直观的了解，再也不会听信谗言。反而被葛云飞这种尽忠职守，廉洁奉公，不计较个人得失的高尚品德所打动。他和颜悦色地对葛云飞说："葛将军，本督上午见你在工事上尽心尽力，中午就吃这些东西充饥，心中十分不忍。葛将军为国家栋梁，为浙江的砥柱，一定要保重身体，千万不能累垮了。万千的将士还等着你来指挥，英军在外滋扰，还等着将军你去驱逐。正值国家危难之际，将军一定要保重身体，以图将来报效国家，为国家分忧。"葛云飞听了这番话，也深受感动。裕谦本来对葛云飞心存芥蒂，但这一次亲自见了葛云飞的殚精竭虑，早已将这位总兵视为柱石，对定海的防卫也十分满意和安心，当日就离开了定海，往别处查访。

对英军的战事还没打响，自己的百姓倒是先出了问题。国家遭难的时候，最不缺乏的就是乱民。有些人平常游手好闲，不事生产，到了时局危乱的时候就出来趁火打劫。眼见定海的防务以对付英军为主，一些奸宄之徒以为有机可乘，就出来为非作歹，在海上干起了杀人越货的勾当。在别镇总兵，或许觉得几股小毛贼，并不值得出兵缉捕，况且大敌当前也不愿分散精力。但葛云飞不这么想。海贼的势力虽然小，但他们关系到百姓的日常生活，百姓不能正常地过日子，对抵抗英军也是不利的。官军不缉捕海贼，百姓就会有怨言，有怨言还怎样和官

甲午战争中的日军

军合作呢？缉捕盗贼虽然看上去是无关紧要，但仔细分析其中利害关系，就会发现它与抗英的关系。况且海贼一到危乱时节就出来为非作歹，这种风气可不能开。葛云飞坚定地要出海缉捕海贼。有葛云飞的亲自指挥，那些海贼哪里还能遁形。六月二十五日，在长涂洋面缉捕海贼八名，并缴获船只器械。六月初三在半塘地方，拿获大盗曾夺等七人，并缴获船只、烟土等物。六月二十九日在花鸟洋面抓获大盗邱亲等十一名，斩首十二级，并缴获船货器械等物。这一次战役，因为贼船的势力大，贼众多，葛云飞亲自掌舵追击海贼。那一天海风很大，贼船一直追赶不上。葛云飞见风向突转，亲自掌舵，从上风方向去追赶贼船。两船相距大约还有两丈，葛云飞大喝一声，纵身跳上了贼船。贼众大惊，以为葛云飞是从天而降。只见葛云飞全身铠甲锃亮，威风凛凛，贼众都吓破了胆。葛云飞纵身前往，或擒或杀，势不可挡。贼船中有一个海贼头目，见走投无路，只得作困兽斗，向着葛云飞猛扑过来，还挥舞着手中的大刀。葛云飞侧身闪过，不料贼人动作十分迅捷，葛云飞躲过要害，右手手臂却被贼人砍伤。鲜血顿时从伤口中喷涌而出。葛云飞顾不上伤口的疼痛，伸左手从贼人手中夺过刀来，顺势一刀将贼人劈成两截。水军将士无不喝彩，同时也被葛云飞的神勇所折服。当初葛云飞出海缉捕盗贼时，有人向裕谦诋毁葛云飞说："葛云飞这个人也算是风雅之士，这一次托名是去缉捕海贼，实际上是去普陀山游访，和几个诗人朋友唱和罢了。"等到葛云飞夺刀杀贼的消息传到裕谦这儿时，裕谦十分严厉地责罚了诋毁葛云飞的人，并下令嘉奖葛云飞。

真正考验葛云飞的大事渐渐逼近了。这一天，葛云飞正在洋面巡逻，突然接到战报说福建厦门在8月26日被英军攻破。这意味一场新的战斗已经开始展开，并向着浙江蔓延开来。葛云飞怒发冲冠，一掌猛地击打在船舷上，恨恨地说："英国人如此猖獗，我葛云飞誓不与之共生。"立即下令官兵调转船头，星夜回定海准备守御来犯之敌。葛云飞考虑新建的土城上虽然架设有大炮，但敌人能攻克厦门，军事实力一定不低，不能掉以轻心，请上级再调拨大炮四十门以布防土城，但此项建议被上级以大炮不足的理由拒绝。晓峰山虽然险要，但葛云飞想一旦英军得知晓峰山的布防，也可能趁空隙之处上山，因为晓峰山上的火力也不是十分可靠，因此又请求再调拨八千斤重的火炮两门镇守晓峰山。这一请求又被拒绝。当时浙江官场有许多毫无见识的人把持着调兵的权力，他们命令葛云飞只能和敌人在陆地上交战，不可水战，将定海的战船全部封锁在港口内。这一命令使得葛云飞之前所有的御敌设想都化为泡影。葛云飞的属下个个都感到十分痛惜，有的劝葛云飞说："将军日夜坚守在定海前线，就是想要为国家出一份绵薄之力。现在将军的设想不能实现，定海的局势十分危急。而英军的战舰正一步步逼近定海，将军难道想徒手和英国人搏斗吗？将军何不弃定海而去？"葛云飞见到定海的情形，也知道定海难以守住，只是自己身为定海总兵，又怎能临阵脱逃。他说："英军逐渐逼近定海，这时候我离开定海，不但会给别人留下口实，就是我自己也良心不安。大丈夫遇到危急，不过是以身许国而已。我世受国恩，绝不能辜负了国家的期许和我自己平生的志向。我的御敌方案虽然不能实现，世人可以笑我葛云飞是个没有智谋的人，但是不能让人说我葛云飞是个有负国家的人。我在此守卫定海，有死而已。我一定奋力杀敌，以一死报国家社稷、报天下苍生。"这番话葛云飞说得慷慨激昂，葛云飞的左右和下属都为之感动，都誓死与英军抗争到底。

9月25日上午，有士卒来报说英国的军舰已经开进定海水域，在横水洋面，距定海大概三十里。得到讯息，葛云飞迅速作出部署，他对士兵们说："我们做臣下的，对于国家那便是尽忠而已。国家任命我们镇守定海，那我们尽忠的最好办法就是死守住定海，绝不能让英军再次攻占定海。你我将士一体，深受国恩，今天，你我报答国家的时候到了！你们随我杀敌，只管向前，敌人并没有什么可怕的，我们齐心合力，可以一举尽灭敌人。万一战事不利，我身为定海总兵，绝对不会抛下你们不管，我会一直守在定海城头，和你们一起并肩作战。定海城在我葛云飞就在，定海城亡，我葛云飞就随之一起而亡，绝不苟且偷生。你们都要奋勇杀敌！"说完，各处将领都领命各自守备，只待英军的到来。

下午一时许，英国的军舰驶入了定海守军的视野。一共有二十九艘军舰，结着船阵，全部向小竹山水域驶来。本来葛云飞是要在此设下阻拦工事，但因为上面官员听信迷信传言，设置工事的计划没能实现。现在英军军舰渐渐逼近，葛云飞又不能命令水师出海拦截，只能听之任之，让他们靠近定海城。好在葛云飞的土城工事已经完工，没有使定海城直接暴露在英军的炮火之下，只要保得住大本营，将士们的补给就能跟得上，也就能和敌人相持。时间长了，我方的补给和援军能不断地提供，而英方的补给却不能及时地送达，这样就能驱逐英军了。葛云飞想到这一仗先要挫动英军的锐气，然后再拖垮英军。只有这样，我方的损失才能达到最小。葛云飞的计划很好，但是他忘记了当时的中国，官员们都只求自保，各自都有小算盘，结果己方的补给跟不上，反而英军却来了一拨又一拨的支援。当然这是后话，暂且按下不提。英军二十九艘战船结着船阵向定海驶来，为首的是一艘巨大的军舰，好像作为引导一样，似乎丝毫不在意定海的守备，直接驶向定海海岸。葛云飞此时十分冷静，他知道一定要一举击中敌人，打击敌人的志气，并为定海守军打气。只见葛云飞走向土城最大的火炮，亲自核准火炮的位置和打击方向，目光坚毅地望着敌船，只等敌船靠近就点燃火炮进攻。英军似乎没有将中国守军放在眼中，依然慢慢地驶近。葛云飞瞅准时机，点燃火炮。砰的一声巨响，一颗炮弹飞向英军为首的那艘大船。"中了！中了！"土城上的士兵高呼起来。原来葛云飞这一炮正好击中大船的桅杆。一根十几米的桅杆随声倒下。这颗发射的炮弹足足有四十斤重，打中桅杆后从大船的甲板穿入，从大船的后舵中打出，落入海面，溅起了不小的浪花。火炮不但击中敌船，还杀伤了英方十余人。这一下把英军给吓坏了，他们没想到武器装备一向落后，守御防备一向不严的中国军队，怎么一下就能击中自己最大的军舰，觉得不可理解，赶快又从另一侧的吉祥门全部逃出。这一次正面交锋，英军为之胆裂。但是英国人对于定海势在必得，虽然从吉祥门驶出，但眼光始终盯着定海不放。

葛云飞对于定海的防务非常熟悉，他料定英方一定也是对定海做了充分的调查，并且去年英军占据定海的时候，不时出来图画定海地形，对定海的情况也是了如指掌。而定海的防备，东港浦的防御力量是最弱的，敌人必定去攻打东港浦。葛云飞发出令箭一支，命人前去晓谕东港浦的守军，只要见到敌人靠近就进攻，不要考虑其他的，对敌人绝不能姑息。并严令守将说："如果稍有违背我的将令，本帅绝不轻饶。"有了这样的命令，将士们早就摩拳擦掌，准备和英军决一雌雄。果然不出葛云飞所料，英军见正面进攻定海不成，转而向东港浦方向进发。只等英军靠近，东港浦的张游击率领全体将士发射火炮攻击。英军知难而退，见东港浦的防守依旧很严密，不得不退回海面。

击退了英军的第一次进攻，大小臣僚都为葛云飞庆祝。葛云飞说："古人言骄兵必败，希望大家不要因为这次小小的胜利而放松守备，一定要更加加紧巡查，一有情况，立刻来报。"

同僚们都佩服葛云飞深通兵法，都在议论如果当时按照葛云飞的部署，在大小岛屿和竹山门水域布置木桩的话，今日一定叫英军有来无回。想到此处，众人又是一片叹息之声。虽然大家感到惋惜，但毕竟这一次是击退英军了。浙江官员将喜讯报入京城，皇上特旨加封葛云飞为提督衔。

第一次战役的胜利并不能阻挡住英国人进攻的计划。第二天凌晨，大约两点多，英军偷偷靠近小竹山。葛云飞白天早有命令，一定要加强防卫，以防止英军的偷袭。这一次，英军的行动又被葛云飞算中。英军虽然趁着夜色悄悄靠近定海，但是沿岸的守兵个个是精神抖擞，一见洋面稍有动静，早已将情况上报给葛云飞了。葛云飞命令士兵严阵以待，并下令说只要敌人进入了火炮的射程范围，则几处险要布置的火炮就一起发射炮弹，直至将英军赶出小竹山海域。众将官得令后时刻注视着海面，一切进攻的火炮器具全部准备停当。时间一分一秒地过去了，英军还以为定海的守备将士沉浸在白天的胜利中，正在把酒言欢。他们不知道英勇的定海守军早已准备好火炮款待他们。英军还兀自小心翼翼地向前驶进。英军想趁着夜色登陆定海，所以当定海已经进入英军火炮射程时，英军尚未开炮，计划着忽然兵临定海城下，杀定海守军一个措手不及。英军的如意算盘随着定海守军的一声炮响被打得粉碎。这一炮是葛云飞亲自发射的，在夜色中只听见英军一阵骚乱，接着也开炮还击。葛云飞早已布置好一切，他命令各处要道离英军最近的火炮一起发射，炮弹从四面八方射向英军。英国人没想到定海有这样严密的守备，也奋力地还击。忽然，一颗炮弹落在土城前，那炮弹足足有西瓜那么大，定海的守城军士有些迟疑恐惧了，他们没见过这么大的炮弹，军心有些浮动。葛云飞早知道英军的武器较己方远为精良，他命人从火药库中抬出一枚巨型的炮弹，对士兵们说，"我大清有这样大的炮弹，一炮足以击沉英军的军船。英军那种小炮弹，又怎能奈我何！"将士看那炮弹足足有英军炮弹两个那么大，也都放宽了心，继续在土城和各处炮台作战。原来葛云飞早已想到定海的守军没有经历过大战，面对英军的先进武器会惊慌失措，先命人制造了几枚这样大的炮弹。其实清朝当时火炮相当落后，这样大的炮弹根本没有能够发射的火炮。葛云飞见众将士军心稳定，指挥着将士继续战斗。英军见定海的守卫太严，又一次知难而退，全数退出定海。这一仗，英方又损失了四百余名军士，而定海守军未伤一人。他们对葛云飞和定海的守卫恨之入骨，计划着再次进攻。

　　葛云飞最初的计划，是自己领定海本部兵马在土城一带防守，以防止英军登陆定海。而寿春镇总兵王锡朋和处州镇总兵郑国鸿帅所部兵马屯于定海城内守城。但现在英军大军压境，情况十分危急。葛云飞认为城后通往晓峰山的通道没有人把守，担心英军趁隙从城后攻城，就请王锡朋率领寿春镇士兵镇守晓峰山，又请郑国鸿带领处州兵把守竹门山，这样四处入口都有重兵把守。虽然说是重兵，但和英军相比仍然是显得力量薄弱。

《马关条约》签订场景

当时的英军，每艘船所载的士兵，加上一些投靠英军的汉奸，大概有五百多人，所有船只共计有两万余众。而我方三镇总兵力加起来也就四千来人。这样力量悬殊的战争，胜算十分小。况且英军的武器精良，远非中国军队能比。想到此处，葛云飞非常心焦。他连夜写信请求增兵支援。可是事与愿违，葛云飞得到的回应却是："小题何须大作。难道你葛总兵是想夸张英军的进攻，为你今后升迁邀功吗？我好言告诉你葛云飞，你们定海镇不要再妄想有援兵，一定要守好定海，守不好我还要拿你问罪，你明白了吗？"上级的措词十分严厉，而且非常狂傲。这样的回信让葛云飞感到绝望。他知道自己会在定海战役中为国捐躯。他虽然也会感慨自己的时运，但他此时最关心的还是将士们知道这个消息后的心情，他担心定海的守备会全线崩溃，因为在定海守城无异自杀。葛云飞想，这个消息一定不能让守军们知道。他将送信的信使安置在别处，不让他与将士们见面，以防止他泄露没有援军这个令人痛心的消息。葛云飞对将士们说："上宪知道我们定海将士已经取得了两次全胜，十分嘉奖，表示我们这样战无不胜的军队一定能够击退英军的进攻，挫败英军的企图。上宪既然这样说了，我们如果一心只盼望着援军的到来，岂不是让旁人笑掉大牙了？所以我们一定要团结一心，齐心合力，将英国人挡在定海城外，不能让旁人瞧笑话。你们说是不是啊？大家打起精神来，一鼓作气，保家卫国。"众将士信以为真，又见两日来战胜了英军，所以都信心高涨，不再想着要靠援军来支援了。葛云飞虽然激发起了将士的斗志，但他自己想到浙江官员不能团结合作，而是相互猜忌，大敌当前可是大大的不利。不觉独自伤心失落。

葛云飞虽然对官场的明争暗斗十分痛心，但在定海防务上却不敢有半点放松。27日早上，葛云飞正在竹山门一带查看布防情况。这几日大雨如注，洋面随着海风上下翻滚。葛云飞向远洋望去，不见敌人一艘敌船。似乎今日英军要休整。葛云飞逐一查看炮台。忽然有人来报说有一位乡民前来报信。葛云飞命立刻带乡民过来问话。来人被带来了，是一身乡民的打扮，只说是今天英军会来攻打竹山门。葛云飞听了他的话，仔细地观察这位报信的乡民，吩咐军士带他去后方领取报信的赏银。只见这位乡民跟随者军士一路向土城方向走去，到处张望，好像在计数。葛云飞顿时警觉起来，急命左右将人带回来盘问。葛云飞问他："你如何得知今天英军要攻打竹山门？"乡民支支吾吾，答不上来。又见他有些胆怯，葛云飞猜想这是英军的奸细，立刻吩咐左右将其绑缚起来，要就地正法。那人一看自己的身份露馅了，不住地磕头，只求葛总兵能放他一条生路。葛云飞问他："那将你所知道的一一禀明，如有半句假话，定叫你身首异处。"原来这个人果然是英国人派来的奸细。英军是要直接进攻土城的，派他来一是谎报军情说英军要进攻竹山门，让定海守军重点防御竹山门而疏忽土城的守备，二是命他查看土城的火炮实情，以便部署战斗。葛云飞识破了他的奸计，命人将其监押在军中，立即布防土城的火炮。果然上午九点多，英军划着十几艘小船向定海靠近，后面跟着军舰。英军是想直接登上定海小岛。葛云飞命令开炮还击，英军也从军舰上攻击定海。双方从上午九点多一直打到晚上八点多，激战了近十二个小时。英军几次登陆，都被定海守军击退。这一战打得十分激烈，英军死伤三百多人。定海守军还击沉英方小船数艘。到了第二天，英方见竹山门一带实在是防守严密，又想从道头一带直接登陆，强攻土城。这一次是中英双方正面交锋，英国人也像发了疯似的只顾向前冲击。从登陆地点到土城只有两千多米，英方想借助这段不长的路程直接给定海守军以沉重的打击。英军刚一登陆，便开始架设大炮，建筑营地，是准备以此为进攻定海的大本营。如果英军的企图得逞的话，土城就将直接面对英军的炮火，双方就成了阵地战了。葛云飞非常清楚英军的战略意图，立即命令土城士兵朝已经登陆的英军开火，重点目标是英军建造的军营等设施。葛云飞亲自点火，炮击英军。双方互相炮击，这一次又击杀了英军十余人，还击沉火轮船一艘。尽管遭到激烈的抵抗，英军还是不断地涌上来。葛云飞对于战役的全局观念十分明晰，他知道定海守备军士已经给英军十分沉重的打击了。按照往常的战斗经验，英军此时一般都会往后撤退，这一次不退反进，一定是有人在居中指挥调度，不拿下定海不会罢休。葛云飞环顾战场四周，想找出英军的指挥所。忽然，他看见土城东北方一座不高的小山上，有一个身着红色衣服的人，正在那儿挥舞着小旗，似乎是在指挥英军进攻。葛云飞心想，这必定是英军的统帅，擒贼先擒王，只要将此人打倒，英军自然不攻自破。他命了一小队军士，抬着火炮，悄悄向小山靠近。当小山进入火炮的攻击射程，葛云飞亲自调整火炮的角度，以求一炮击中敌人。一声炮响，穿红衣者应声倒地。果然，英军见指挥倒下，进攻不似之前那样井井有条了，开始慌乱，后续部队也不再积极地往前进攻。过不多时，即有人下令英军全部撤出定海。英军的这一次进攻又以失败告终。我方定海将士仍然取得了胜利。

这一役，英军退却后不再进攻。土城士兵仍然不敢稍作休息。

9 月 29 日，离英军第一次进攻已经是第五天了，虽然英军想尽办法进攻定海，但仍然没能成功登岸，反倒损失近千名士兵。这一天英军没有正面与定海守军交战，他们只在五奎山背后隔着山向天空发射炮弹，将炮弹打过山来，以此来进攻定海。其实这样进攻，本意并不是要对定海守兵造成多大的伤害，只是想要让守军疲于奔命而已。英国人知道定海的守备虽然十分严整，但是中国人的装备不精良，弹药也非常有限。更加之英军的情报部门探知定海守军并没有后援，所以就下定决心要攻占定海。这几日的进攻，一定让定海的将士都非常地辛苦。英国人的如意算盘打得好极了。这五日来的守卫确实让定海的官兵非常疲劳，虽然定海守卫战算是大获全胜，但定海官兵的人数毕竟有限，每日都是忙于战斗。昨天更是从早上一直打到晚上，几千士兵不能休息，必须都坚守在自己的阵地。

就连葛云飞也是从交战开始就没有好好休息。他命人在土城上放置了一张竹椅，将竹椅绑缚在城上，以便自己在上面休息时不会因为重心不稳而偏倒在一边。虽然放置了椅子，但是葛云飞还是几乎没有休息，一旦有战报，葛云飞都必须亲自查看，对各处的守卫，葛云飞也是亲力亲为，一定要自己亲自过目才放心。葛云飞总是土城、竹山门、晓峰山几处奔走督查。加之连日来雨水不断，道路泥泞湿滑，一脚踩在泥里，会陷进去很深，行走极为不便。葛云飞和众将士每日都在雨中守卫，脱下衣服都能拧出大半桶水来。定海守卫的粮食是从定海城中发出，因为寿春和处州两镇的士兵也镇守在定海，所以预留的军粮不能满足需要。而葛云飞认为寿春和处州的士兵远来帮助守卫定海，理应受到好的待遇，将粮食先发放给两镇士兵，这使得定海的军士们粮食也得不到足额的供给，向上级请求支援又被无情地拒绝。定海的将士们开始时还能每人每天得到香蕉六根、光饼九枚，约合五两食物。到了后来，每人每天只有三碗稀饭充饥。这样的条件下，定海全体将士们在几天内连续击退了英军的入侵。葛云飞和将士们同甘共苦，从不搞特殊化。并且葛云飞认为自己身为一镇总兵，是将士的表率，督军更加严格。在整个抗击英军的几天当中，葛云飞只吃了八块光饼，还不到普通士兵一天的口粮。将士们见到总兵大人尚且和他们一块儿忍饿挨冻，甚至比自己还吃得少，都不愿意抛弃总兵抛弃定海而去，都坚守着自己的岗位。

定海城中的士绅看到葛云飞为了保卫定海实在是劳累过度，就自发地捐出银子，给葛云飞熬了一碗参汤，想给葛云飞补一补精气神。葛云飞力辞不受。众士绅说什么都得让葛云飞喝下去。葛云飞见众人的一番好意不能推辞，于是说："我受朝廷委派在定海镇当总兵，这是我的职责。现在英军猖狂侵略定海，我自觉无颜见城中父老，就算让我喝你们送来的一口水，我也觉得十分羞愧。更何况是一碗参汤。既然你们执意让我喝下参汤，那我愿意和众将士们一起饮下。"说着将参汤倒入江水之中，令在场将士都用手从江中掬水喝。葛云飞说："我和大家在此抗击英军已经五天了，大家都食不果腹。我葛云飞怎么能独自饮用此参汤而不与大家共同进退呢？"众将士都感念葛总兵的一片赤诚，都推心置腹要和葛云飞一起誓死守卫定海。其实，葛云飞早已预料到定海难以守住，镇海方面没有援军过来，定海一定失守。以区区四千官兵和英军两万余众对抗，简直是以卵击石，但葛云飞已经下定决心要和定海共存亡，和定海的守军共存亡。

10 月 1 日凌晨，整个海面被大雾笼罩着，一片平静，侧耳倾听，只能听见雨打海面的哗哗声和大风吹过海浪的呼呼声。大雾之中，面对面也不能辨认。这场大雾似乎预示着一场更大的战斗即将打响。葛云飞端坐在雾中，静静地听着海面上的动静。海风呼啸地吹着，忽然海风之中似乎夹有帆布被吹动的呼啦声，这声音几不可闻。这一下葛云飞呼的一声从椅上惊起。他快步走向前，凭着土城的城墙，仔细地辨认。一阵海风过来，帆布的声音似乎又没有了。葛云飞知道这样的大雾天气，英军绝对

八国联军侵华

不会坐在家里错失良机，绝对会过来趁守军不备偷袭。葛云飞再一次侧耳倾听，这一次似乎海浪的声音更大了，像是海水拍击着船头的声音。葛云飞心里跟明镜儿似的，知道这是英军的军舰已经开进。不出葛云飞所料，英军正是想趁着夜色偷偷登陆定海。葛云飞立即下令沿线各部一起向海中发射火炮。轰隆隆，几声巨响，双方已经用火炮开始交战了。葛云飞借着火炮发射时微弱的光，似乎看见茫茫雾中，有一艘船格外的大，便下令将火炮对准该船猛击。葛云飞虽然不知道那是一艘什么船，但是他敏锐的战场感觉让他做出了正确的判断。那大船并不是一艘船，而是英军将两艘船用铁链链接在一起，用作专门装载火药的船。葛云飞这一炮正中这两艘火药船，炮弹直接击穿甲板，打入船舱之中，只听见一声巨响，顿时火光冲天，整艘船的火药完全爆炸，船上数名英国士兵来不及躲避，全部被炸得粉身碎骨，就连船也是完全解体，剩下一大片残骸漂在海面。火药船被炸，英军顿时大乱，急匆匆地全军撤退了。

　　这一次战斗，英军趁着夜色偷袭，但丝毫没有占到便宜，反而损失了不少武器弹药和士兵。英方一直在思考着要采取不同的作战方案来进攻定海。去年在定海被葛云飞生擒的安突得如今又在英军中效力。他是一个老谋深算的人，加之他对定海的地形十分熟悉。他建议英军的主力应该从定海城后的晓峰山开始登陆，那一带地势险要，虽然易守难攻，但是清军并没有在那里设置火炮，没有有效的防御设施。只要翻过晓峰山就可从上而下，直接攻占定海城。在攻打晓峰山的同时，应该分兵从正面进攻土城、竹山门一带，作为疑兵分散定海守备的注意力，钳制定海守军。多方面夹击定海，让葛云飞自顾不暇，这样英军才能在乱中求胜。安突得的建议很快被英军采纳。

上午九点多，半夜撤退的英军又卷土重来。这一次英军分为三路进攻定海。一路攻打晓峰山，一路攻打竹山门，一路攻打土城。果真如安突得的先前计划，让定海守卫军自顾不暇。晓峰山的防御最为薄弱，葛云飞当时请求在晓峰山添置大炮数门，被一一驳回。这次晓峰山又是敌人进攻的主要方向，所以晓峰山的守卫最困难。英军知道晓峰山没有火炮，便远远地用火炮攻击，使得晓峰山的守军死伤过半。英军见晓峰山上的抵抗稍微减弱，便直接用小船载着士兵开始从山脚登陆。晓峰山上的守军本来人数不多，又被英军杀伤大半，怎能抵挡得住英军的进攻，数小时便被英军攻占了晓峰山。晓峰山宣告失守。英军登上晓峰山便分兵两路进攻，一路一千余人沿山麓直接进攻定海县城，另一路三千余人沿山脊转道进攻竹山门。竹山门上的炮台较少，挡不住两边夹击的敌人，不到一小时，敌人已经攻占了竹山门。此时败局已定，但葛云飞坚守土城还未被敌人攻下。定海的守军本来人数就不多，分兵据守土城、竹山门、晓峰山和定海县城，兵力十分分散。此时定海城的守军只有区区三百多人。敌人主力攻占竹山门后，从左翼包抄定海城，定海的南门首当其冲。定海城的守军多数守卫在南门，其余三门守军不过百人。这时，英军从晓峰山下直击定海城北门，枪炮一起进攻。不一会北门的城门便被炸碎了，英军蜂拥而入。定海守军和英军在城内进行巷战，定海守军人数太少，武器太差，全军覆没在定海城中。定海城也宣告失守。英军现在连续攻克定海城、竹山门，最后的目标就是葛云飞镇守的土城了。葛云飞命令用炮火猛烈攻击从正面冲击的英军，因为连续发炮，炮管已经红透了，但是土城的士兵早已将生死置之度外，依然不停地用炮火攻击英军。他们都视死如归，唯一的念头就是和英军同归于尽。英军遇到这样拼命的抵抗，也没能一下子拿下土城。攻占定海城的英军，从定海城方向杀来，和正面的英军两面夹攻。葛云飞见身后有英军杀到，知道定海已经失守，悲愤交加，命令士兵将炮调转过来，攻击身后的敌人。但是因为连日的大雨，将土城的泥土已经冲刷得非常松软，火炮已经深深陷在泥土之中，一时间难以调转方向。葛云飞见大势已去，向北三拜，对着上苍祷告说："我葛云飞已经竭尽全力抵抗英军了，必当杀贼以死，来报答上苍的恩赐。但是我身为一镇总兵，身为抚民的官员，不能为国驱除外夷。我死不足惜，只是这一腔热血不能报答国家于万一。我愿意来生再继续抗击侵略者的志向。"说完跪在大雨之中良久，任凭雨水落在脸上，冲洗着脸上的污渍。这时的葛云飞才显露出清晰的脸庞，他须发已经尽白了，累日的劳累，让他的眼中布满了血丝。尽管显得憔悴万分，但是他的须发还是像剑戟一样向外撑着，因为葛云飞心中充满了怒气，他为英军的侵略感到气愤，他为定海的失守感到气愤，但令他更为生气的是这几个月来在定海布防，处处掣肘，他制定的守备计划不能有效地实行，他请求援兵被当成是夸大其词，被认为是邀功，他想到大清的官场这样的昏庸无能，这样的相互猜忌，这样的妒贤嫉能，他感到绝望。葛云飞今日有死而已，为国家尽一片忠心，我葛云飞问心无愧，这也就够了。只是这一片大好河山……葛云飞从怀中拿出总兵的印信，交给身边的亲信，说："这是国家的信物，我头可断，国家的信物不能落入英国人之手。你带着我的印信向镇海大营请求救兵前来剿灭英军，如果我死后有灵，化为厉鬼，也一定会帮助你们杀敌夺城。"说完对亲信长揖在地，接着说："我家中尚有老母，知我为国尽忠，一定会感到欣慰。家中子侄等辈，烦托你转告，一定要力图奋勉，完成我的遗志。"说完即令亲信从小道离开定海。

葛云飞刚筑土城时，有两百多斤火药也运抵土城以备守御。现在火药都用木桶装着，并未密封。葛云飞对身边军士说："英军侵略我国，就是为了利益。他们都是贪婪成性的人。我们将点燃的香插入到装有火药的木桶中，然后钉死，再在木桶外写上'定海守军饷银'几个大字，英军一定会来抢夺，只要他们一搬动木桶，木桶倾倒就会引燃火药。这样就算我们战死，也能杀不少英军。只是不能泄露半点机密。"各军士依计行事。

吩咐完这些，英军从后方杀来，已经不过半里的距离了。葛云飞看看土城的将士，剩下的二百余人，大声地喊着："你们都是好汉子，真男儿，现在就随着我一起去杀敌，与敌人同归于尽！"说完带头冲向了敌人。葛云飞手持钢刀，向前直冲，对面也冲上了一位手把军旗的英兵。葛云飞对着迎面杀来的英兵奋力一刀劈下，这一刀如雷霆万钧，从英兵的右肩斜劈下来，将英兵直接砍为两截，英军的旗杆也被砍断。因为这一刀用力太过，钢刀也折成了两段。葛云飞扔下断了的钢刀，从腰间拔出两口随身佩戴的宝刀，继续杀向敌阵。只见葛云飞手持两把宝刀，像车轮一样杀了进去，宝刀上下翻飞，英军士兵如雪片般纷纷被砍倒，一道道鲜血激射出来。葛云飞奋起神勇，如入无人之境。转眼间已杀入敌阵之内。众英军见葛云飞势不可挡，便用长枪来刺葛云飞，葛云飞一面用刀格挡，一面向后退却。突然，一名英军从葛云飞身后用长矛钩住了葛云飞的衣服，葛云飞大吼一声，转身砍断长矛，又顺势砍倒了这名英军，并斩下头颅抛向了前边的英军。英军见葛云飞如此英勇，都吓坏了。不敢再上前去近身攻击。葛云飞且战且走，想要杀进定海城去。一名英军趁葛云飞不备，从前面直砍葛云飞面门，葛云飞一个避闪不及，被英军砍中面庞，削去了半边脸。此时的葛云飞只留下左边半边脸，怒眼圆睁，右边的脸颊已经，鲜血淋漓，头骨都能看见，显得十分狰狞可怕。葛云飞毫不顾及自己的生死存亡，一门心思就是要多杀英军，尽管自己已经只剩下半条命了，仍然挥舞着双刀杀敌。英军进攻中国沿海，从来没有遇到过如此顽强的抵抗，看到面前这位只剩半边脸仍奋勇杀敌的中国人，都感到了恐怖。那个砍伤葛云飞的士兵见到葛云飞这般勇武，早就吓得屁滚尿流地跑了。葛云飞紧追不舍。英军见葛云飞实在难当，便调转枪口攻击。一声枪响，一颗子弹从葛云飞的后背打入，穿胸而出，伤口血流如注。眼见葛云飞不能活命了，但葛云飞犹自前进，转身依靠在竹山门的崖边上。英军数十人手持长枪直刺葛云飞，葛云飞精疲力竭，身受重伤，来不及阻挡，被英军刺中胸腹，伤口前后多达四十余处。葛云飞依靠着崖壁站着，渐渐地眼睛模糊了，周围的声音也听不清楚了，海风夹着豆大的雨打在他的脸上，他丝毫没有感觉到……忽然他眼前的画面又变清晰了，只听见耳边传来嘚嘚的马蹄声，葛云飞看到父亲带着他们几个兄弟出去打猎了，自己也赶紧纵马赶上……定海总兵葛云飞，抗英名将葛云飞就这样壮烈地牺牲了。葛云飞死时，仍是怒眼圆睁，双手持刀做杀敌状。

定海一役，葛云飞、王锡朋、郑国鸿并定海守军，几乎全部殉国。这一役，谱写了中国近代抗击外国侵略史上十分悲壮也是十分光辉的一页，它表明了中国人抗击侵略的决心，表现了中国人不畏强暴的反抗精神，三位总兵的爱国精神高尚和人格永远值得我们怀念和学习。

尽管葛云飞死了，英军回想刚才惊心动魄的厮杀，心有仍有阴影，不敢上前去查看。过了许久，才有胆大的敢上前去看，见到葛云飞怒眼还瞪着他，不觉腿就吓软了，连滚带爬地回来。此时，葛云飞所率领的二百余名将士死伤殆尽，英军已经完全占领了定海。葛云飞的穿着和普通士兵一样，英军分辨不出这位英勇的将士是谁，便找来当地的居民辨认。百姓过来一看，便哭倒在地，说："这是定海的葛总兵啊，死得如此悲壮！"说完放声痛哭。这时，英军才知道面前这位正是率军抵抗了他们六昼夜，杀伤英军无数的葛云飞。

英国人先撇下葛云飞，进驻土城的军营，见到营中有木桶数十只，早有汉奸眼尖说这是定海守军的饷银。英军果然上前搬木桶，轰的一声巨响，火药将数十名英军炸得粉碎。

定海一役完全结束，当晚英军在定海城中欢饮，准备第二日再来收拾战场。定海城中一个百姓徐保，人称"大白板"，平常也随葛云飞参加土城修筑，此时正出城寻找葛云飞的遗体。他找遍了土城下的尸体，不见有葛云飞。又到竹山门一带寻找，踏着满地的尸体，一个一个地翻看。这天晚上正好停了大雨，还从乌云缝中漏出一丝丝月光。徐保凭着此月光挨个看着。突然看到竹山门崖边站立着一人，手握两把钢刀。徐保素来胆大，此时在尸骨堆中，乍一见到生人，也是吓出一身冷汗。徐保俯下身，看了半晌，发现那人一动不动，他悄悄走近，仍静静地观察。那人还是一动不动，只有衣袂有时随着海风飘动。徐保这才壮了胆，慢慢走近。走近一看，这人只有半边脸，眼睛直瞪着他，"啊呀！"徐保大叫一声，这正是葛总兵！徐保见到葛总兵的半边脸，又吓得毛骨悚然，拜倒在地！徐保哭了一会儿，起身去背葛云飞。说也奇怪，葛云飞双脚就像钉在地上一

《辛丑条约》签订情景

样，纹丝不动。徐保跪倒在地，对葛云飞的遗体说："葛总兵在定海尽忠殉国，徐保今日背您回家。"说完起身去背葛云飞，仍然纹丝不动。徐保也算是有力气的，三四百斤担子也是挑得起的，今日怎么就背不动葛总兵呢？徐保又跪下祷告："葛总兵在此杀敌数月，今日杀身成仁，难道就不想想家中的老母吗？我背葛总兵回家见太夫人！"说完起身去背葛云飞，葛云飞这次一背即起，而且甚为轻便。徐保便背着葛云飞回到家，用草席裹着葛云飞的尸身，连夜用船运往镇海大营。第二日，英军出来寻不见葛云飞，知道有人偷运走了，急忙令人巡查追赶，但茫茫大海，不知向何处去，只得作罢。

葛云飞遗体运回镇海大营，裕谦出来迎接，在码头见到葛云飞只留半边脸颊，仍然是双手握刀，怒眼圆睁，须发如剑戟般怒张。裕谦也失声大哭，用手抚摸葛云飞左眼，并说大军不日出战，一定剿灭侵略的英军。说完，葛云飞才闭上左目。于是裕谦一边上奏朝廷定海失守及葛云飞殉国诸事，一边命人护送葛云飞遗体回乡。葛云飞的母亲张太夫人知道自己的儿子必不能生还，葛云飞的遗体回到家乡，张太夫人看到儿子这般惨象，还是忍不住痛哭起来，但随即止住，哽咽地说："我有子矣！云飞能杀敌尽忠，这才是我葛家的好儿郎！"葛家上下哭声一片，开始为葛云飞操办丧事。

十月十八日，道光皇帝下诏，谥葛云飞为"壮节"，并建昭忠祠长年祭祀在定海战役中牺牲的三位总兵。

后记

　　葛云飞虽然在定海战役中牺牲了，但是葛云飞对抗英国侵略者的精神长存人间。

　　葛云飞虽为武将出身，但是少年时博通经史，又好文采，常常写诗填词自娱自乐，以文会友。少年未出仕时喜欢外出寻山访友，和朋友们一起诗酒唱和。1809 年，葛云飞到省城去看望朋友，在游玩了朋友的赵园之后，写下了"生机三径草，风味半床书"的佳句贻赠主人。1820 年，葛云飞又会试举落榜，回家途中来到金山寺，他趁着月色登上金山寺。看到一片苍阔的天地，月夜凉风袭来，葛云飞想起自己多年武举考试的艰辛，也似乎开始尝到人生的艰难，他写道："鹤鸣山月峭，鼍吼海天空"，此句用得十分老到险峻，和当时一般俗世文人的温辞丽句不同。这句诗也表现了葛云飞海雨天风、独往独来的气度，也是他后来独自力战英国侵略者的真实写照。1825 年，葛云飞参加省内武将的校阅，完毕归家，路过一处断壁残垣，葛云飞打听到这里曾经是一位大学士的府邸，后人没能守住家业，渐渐败落，以至于现在这样残鸦暮雪，满目萧条。葛云飞心中有所感发，写下了一首《念奴娇》：

残碑当户，认当年门第，曾经开府。画阁珠帘谁领略，剩有颓垣焦土。明月三更，夕阳半壁，一幅凄凉谱。几回肠断，令人不堪重睹。

漫把此日伤心，盈虚消息，转眼成今古。金马依稀犹在耳，铜雀春归何处？南郭荒冈，北邙残垒，难记英雄数。黄粱梦觉，底事繁华如许。

这首词充满了历史的悲凉之感，对于人世的繁华与衰落，葛云飞有着唱不尽的悠悠深情。对文学的喜爱，正是葛云飞在军事生涯之外的一种消遣，一种解脱，一种抒情。有了这些诗作的流传，才显得葛云飞这位勇武的将军，更加丰富，更加立体，更加令人着迷。

葛云飞是近代中国人民抗击外来侵略者的杰出代表。他为了保卫定海，保卫浙江海域的门户，毅然决然地在毫无援助的情况下，坚持苦战。六昼夜的时间，对于一个普通人来说，极其短暂。但是对于葛云飞，却是他一生光辉时刻所在。面对外国侵略者的入侵，葛云飞非常坚定地选择了牺牲自己来维护国家的尊严，维护中国人的尊严。永远不屈服于压迫，这是葛云飞传达给后人的精神。他虽然出生在一个下层军官家庭，但他从小就自觉地完善自己的人格，培养自己热爱祖国的精神，这是他值得后人学习的最宝贵的地方。葛云飞的志向，一立就是一辈子。葛云飞的担当，是任何一个有责任心的中国人所应该有的担当。古人早有名言，"士可杀，不可辱"，面对国仇家恨，葛云飞的选择就是血洗耻辱。这种浩然之气是一个民族的脊梁，也是每一个人立身处世的精神支柱。有了这些精神，我们在生活中会更加地挺立。当然，我们应该看到，葛云飞人格精神的养成除了他自己的磨砺，也离不开父母对他的教育与关怀。从小在家庭中培养的那种以天下为己任的个性，造就了葛云飞后来在定海的悲壮。葛云飞在定海战役中牺牲了，但是他的爱国精神却传递给了每一位仁人志士，在后来的一百多年里，中国人为了实现民族的独立与复兴，与侵略者做了坚决的斗争，同样也上演了一幅幅悲壮的感人的历史画卷。正是有像葛云飞这样的爱国人士，才换来了今天的国家独立、民族昌盛。我们应该永远铭记葛云飞，永远铭记像葛云飞这样为了国家民族而牺牲的英雄们，永远从他们高尚的人格精神中汲取营养，完善和发展自己的人格。

延伸阅读

麻溪筑坝始于不慎终于不悟论

治水如用兵然。不察地势，不审险易，贸然尝试，必偾乃事。用兵之失，在于一时；治水之失，及于世世。故治水尤较用兵难。惟难，故不可不慎，一不慎，则贻害千百年，莫知所底，人民昏垫，苦且烈于兵祸。奚以知其然也？盖吾乡之被水患也，吾目睹者数矣。闻父老之谈，躬被水患而尚若色然惊者亦数矣！

吾乡之山，非加多于他方，地势亦不尽加低于他方，而被水患则每视他方有加焉；并视他方之山多于我、地势低于我者，有加焉。此曷以故？以溪水不能顺故道宣泄之故。溪水何以不能顺故道宣泄？以麻溪下流有坝中梗之故。

坝筑于麻溪下流之山麓，故名麻溪坝。自县治西迤，又东南折至此，水程百数十里。邑吏及邑人士至此，几视如邑之边界，而目为要害；殊不知麻溪山麓之外之尚有天乐中乡一区也，更不知麻溪山麓之外，尚有茅山山麓之尤为要害也。盖邑吏与邑人士之视如边界者，实天乐中乡之腹地也。腹地而梗以物，其不噎塞而日就羸瘠者几希！

不察地势，不审险易，妄以麻溪山麓为要害而坝之。及既坝，而邑吏与邑人士乃渐知其失。是故，开坝之议，毛公寿南主之；移坝之策，刘子念台倡之；广洞为三，姚公启圣成之。邑吏与邑人士惓惓于正前人之失也。如此，毛以去官阻，刘以国亡阻，姚成其功而被后人私改，则先不阻而后阻。毛与刘之被阻，天也；姚之被阻，人也。天吾无怨，人则曷甘一误再误，祸中乡数百年。中乡之民积荒而弱，不能自白其苦，久则邑吏与邑人士反视为固然焉。又久则习非成是焉；虽有毛、刘诸前贤之成说，不能胜其习非成是之心。始于不慎，终于不悟，铸此大错，为一方厄。呜呼，冤矣！

然则，治水者，其可不慎哉？既不慎于先矣，其可不悟其失而谋所以正之哉？

今而后，邑吏而有毛公其人欤？邑人士而有刘、姚其人欤？荒乡之人，日企颈望之矣！

按：吾乡，当茅山闸未建，郑家塘未筑以先，浦阳江水经临浦，东合麻溪而下注钱清。水涨则山（阴）、会（稽）、萧（山）受其害。及后，凿碛堰，筑西江塘，筑临浦坝与麻溪坝，相继工成，山、会、萧三县江水，无涓滴侵入。于是，三县遂视麻溪坝为保障。独吾乡屏出坝外，溪水莫泄，江潮并冲，永成泽国，盖几化外矣。

明末，先贤刘忠介未达时，寓吾乡久，暇辄游眺，稔察地势而志之，隐然有己溺之志未发也。及登籍，国事方艰，未遑桑梓。告归以后，乃著《天乐水利图议》告三县，以移坝茅山为上策。移之云者，即明言坝之可废也。当是时，忠介直声震天下；退居讲学，又足廉顽而立懦，德业闻望，越之泰斗。倘或明室不乱，天假忠介以年，其所倡议，必为当时人士笃信。麻溪坝之废，可于重建茅山闸后决之。虽有阻之者，蚍蜉撼树，何作较者。而无如适逢鼎革，不获竟忠介之志以救一方，为可惜也。

凌台又识。

葛云飞诗、词、联

生机三径草，

风味半床书。

清嘉庆十四年（1809年）三月题赠绍兴赵氏园主人。

敢谓狱成三字惨，

可怜力废十年多。

清嘉庆十七年（1812年）十月谒岳鄂王墓题碑。

鹤鸣山月悄，

鼍吼海天空。

清嘉庆二十五年（1820年）夜登镇江金山寺留句。

首称人物羞龙尾，

皮相功名笑虎头。

清道光二年（1822年）在浙江抚标效力时书怀。

事业人皆争一第，

功名我自励千秋。

清道光三年（1823年）举武进士登第书怀。

念奴娇·过宫保第废地址

残碑当户，认当年门第，曾经开府。画阁珠帘谁领略，剩有颓垣焦土。明月三更，夕阳半壁，一幅凄凉谱。几回肠断，令人不堪重睹。

漫把此日伤心。盈虚消息，转眼成今古。金马依稀犹在耳，铜雀春归何处？南郭荒冈，北邙残垒，难记英雄数。黄粱梦觉，底事繁华如许。

清道光五年（1825年）作。

何须浪作封侯想，

喜听旁人说虎头。

清道光六年（1826年）宁海戴恩以侍卫至鄞候补，相见欢甚，戴有奇表，自负。其署乍浦守备，葛为戴饯行，以诗勉之。

偕王立泉先生煦谒月湖张忠烈公祠

尺土已非明社稷，

孤臣犹拯汉旌旗。

回天赤手功难济，

贯日精忠志不移。

清道光六年（1826年）作。

金缕曲·寄友人静斋严大

两载音书少，

岂咫尺，鱼沉雁杳。

国士当年蒙许我，

到于今，魂梦犹牵绕，

感知己，为君晓。

壶中日月原无限，

怎奈英雄易老。

此日着鞭须努力，

趁江流，击楫收功早，

关心者，鸡鸣了。

清道光八年（1828年）作。

书怀

马不嘶风剑不鸣，

等闲已老健儿身。

近来不敢窥明镜，

恐照头颅白发新。

清道光八年（1828年）作。

水声归壑健，

雨气入林昏。

清道光十五年（1835年）十一月赴瑞安途中，商山遇雨作。

持躬以正，待人以诚；

任事唯忠，决机唯勇。

清道光十七年（1837年）十月，引觐毕，回任瑞安协副将时手书此联，揭于治事之堂。

宝刀歌

快逾风，

亮夺雪，

恨斩佞臣头，

渴饮仇人血。

有时上马杀贼贼胆裂，

灭此朝食气烈烈。

吁嗟乎，

男儿是处一片心肠热。

清道光十八年（1838年）作。

自赞小影

外貌桓桓，中心烈烈。

智勇兼资，万人之敌。

葛云飞年谱

1789 年　出生

9 月，出生在浙江绍兴山阴县天乐乡山头埠，父亲是乾隆已酉科（1789 年）武举人。

1795 年　6 岁

开始和陈绍涞先生读书。

1798 年　9 岁

遇到国丧，坚持和大人一样守丧不剃发。

1800 年　11 岁

受教于同乡老儒陈南瀚。

1801 年　12 岁

曾祖母去世，有人提议用佛家仪式治丧，葛云飞坚持按家礼安葬。

1803 年　14 岁

娶金氏为妻。

春天参加郡试，听说母亲病重，立即步行返家。

1804 年　15 岁

春天因为生病没有参与考试。与父亲一同出猎，箭法出众。

读书习武之余亲自下田劳动，一生不改。

1806 年　17 岁

练习射箭弄伤眼睛，仍然不肯休息，认为"业精于勤"。

1814 年　25 岁

春天，补本学武生第四。

1815 年　26 岁

写成《名将录》。

1819 年　30 岁

乡试中第三十九名武举。

1820 年　31 岁

在浙江抚标效力。

1823 年　34 岁

会试中第四十名武进士，殿试第三甲第二十一名。

1827 年　38 岁

在宁波提标试用，经常亲自深入波涛，稽查盗贼。

8 月，捕获大盗陈兆龙。

1828 年　39 岁

题补温州镇标中营守备。

1829 年　40 岁

10 月，捕获江南大盗一名。

11 月，担任提标右营游击。

1830 年　41 岁

往宁波赴任，率领水师巡视浙江海域情况。

1831 年　42 岁

回温州任。

写成《制药要言》。

1832 年　43 岁

11 月进京，补授黄岩镇标右营游击。

出京后省亲，周济贫苦的族人。

1833 年　44 岁

6 月，在浒山洋面捕获大盗十名。

1834 年　45 岁

5 月，捕获大盗六名。经常扮作商船诱捕盗贼。

7 月，获赠荔枝，急送给母亲品尝。

1835 年　46 岁

9 月，在两头洞洋面捕获大盗四名。

写成《水师缉捕管见》。

1836 年　47 岁

12 月，升署瑞安协副将。

1837 年　48 岁

回家修墓。

写成《全浙沿海险要图说》。

1838 年　49 岁

年初，成为浙江定海镇总兵。

11 月，浙江洋面出现外国船只，葛云飞通知各处严加防范。

制成佩刀两把，作《宝刀歌》。

1839 年　50 岁

父亲去世，丁忧。

按母亲意思主持分家。

1840 年　51 岁

7 月 6 日，定海失守。

7 月 12 日，在田间迎接山阴令。

7 月 13 日，禀告母亲后，起身赴镇海主持防务。

7 月 16 日，抵达定海，立即着手布置防务。

7 月 28 日，署理定海镇总兵。

1841 年　52 岁

1 月，接收定海，布置定海防务。

8 月 30 日，得到厦门失守消息，连夜回营加紧准备。

9 月 26 日，击退英军入侵。

9 月 27 日，击退闯入的英军，出示巨弹鼓舞士气。

9 月 28 日，识破奸细谎言，再次击退英军。

10 月 1 日，夜里击退雾中进攻的英军。英军绕道进攻，占领定海城。葛云飞亲自向敌人开炮，大呼："你们好汉子，跟我杀贼去。"自己挥舞大刀冲入敌阵，壮烈殉国。